JN245059

山古志に学ぶ
震災の復興

長島忠美

聞き書き 伊藤玄二郎

美しき山古志

田植え前、水を張った棚田に緑がはえる

コスモスが咲き乱れる薬師の陵

冬の夕日が雪をかぶった棚田を優しく照らす

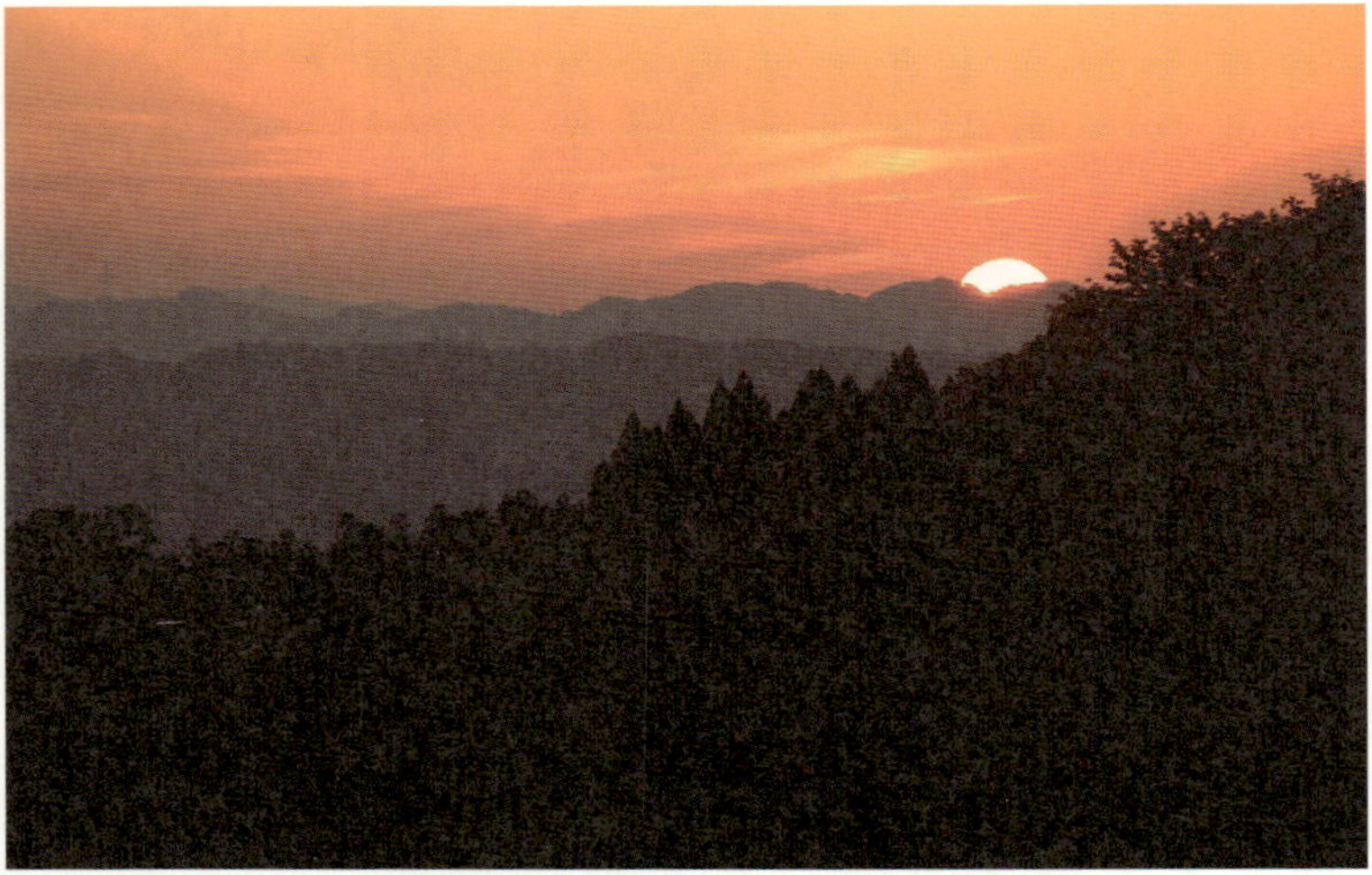
夕闇に染まりつつある山古志

復活した闘牛。年々、訪れる人が増えている

棚田に映る落日

中越地震と復興

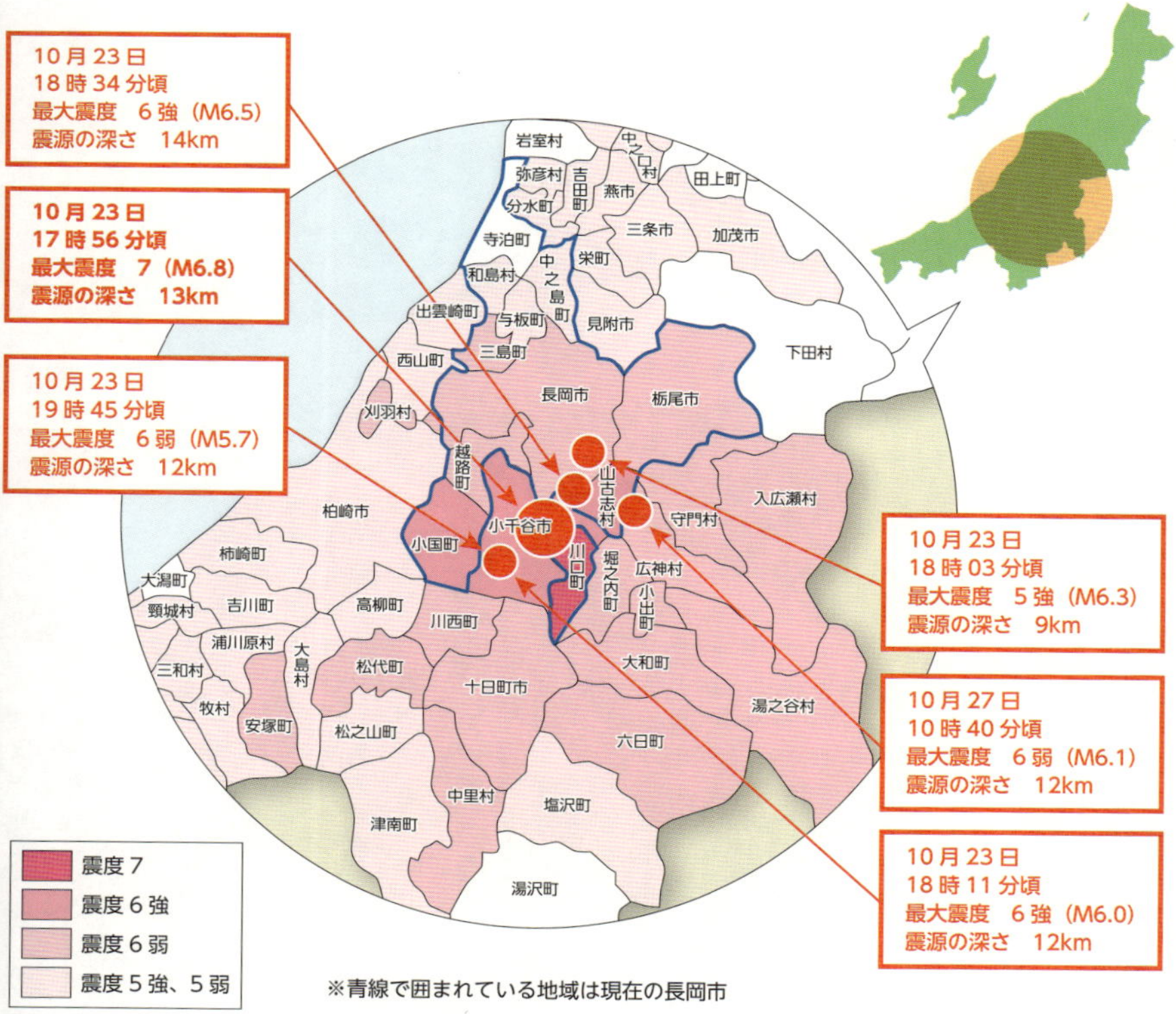

10月23日
18時34分頃
最大震度　6強（M6.5）
震源の深さ　14km
10月23日
17時56分頃
最大震度　7（M6.8）
震源の深さ　13km
10月23日
19時45分頃
最大震度　6弱（M5.7）
震源の深さ　12km
10月23日
18時03分頃
最大震度　5強（M6.3）
震源の深さ　9km
10月27日
10時40分頃
最大震度　6弱（M6.1）
震源の深さ　12km
10月23日
18時11分頃
最大震度　6強（M6.0）
震源の深さ　12km
岩室村
中之口村
弥彦村
吉田町
燕市
田上町
分水町
三条市
加茂市
寺泊町
中之島町
栄町
和島村
出雲崎町
与板町
見附市
下田村
西山町
三島町
長岡市
栃尾市
刈羽村
越路町
山古志村
入広瀬村
柏崎市
小千谷市
守門村
小国町
川口町
堀之内町
広神村
小出町
柿崎町
大潟町
吉川町
高柳町
頸城村
川西町
浦川原村
大島村
大和町
三和村
松代町
十日町市
牧村
湯之谷村
安塚町
松之山町
六日町
中里村
塩沢町
津南町
湯沢町
震度7
震度6強
震度6弱
震度5強、5弱

※青線で囲まれている地域は現在の長岡市

震度状況

芋川沿いの道路が崩落した池谷集落内
平成16年（2004）11月25日

復興後
平成19年（2007）11月

芋川がせき止められ、水没した木篭（こごも）集落

復興後

復興への夢をのせて

東日本大震災復興を支援するコミックトレイン
東北3県（岩手、宮城、福島）を走る　2016年夏

「がんばれクマモト！」まんがよせがきトレインで南阿蘇を応援　2017年夏

山古志に学ぶ震災の復興

発刊にあたって

聞き書き　**伊藤玄二郎**

この頁は、当初本書の中で用意されていなかった。本書の語り部、長島忠美さんの急逝で急遽、設けられた。

七月十九日、私は山古志の長島さんにご自宅で本書の最終ゲラを渡した。長島さんはすこぶる元気で膝の上で無邪気に遊ぶお孫さんに目を細められていた。

八月二十四日に山古志でゲラの返却をお願いし、追加取材があればその日に充てることにしていた。

しかし、長島さんは八月十五日に倒れ、十八日に還らぬ人となった。そして、ゲラを受けとる約束の二十四日は、長島さんの告別式となった。交わす言葉ない最後の別れは何とも悲しいことであった。

私が長島さんにお目にかかったのは、後で述べる「サンタ・プロジェクト」を通してである。紹介して下さったのは当時、自由民主党幹事長であった谷垣禎一さんである。私は長らくポルトガルへ渡った「南蛮屏風の下張り文書」の修復などの仕事をしている。谷垣さんは日本ポルトガル友好議員連盟の会長として、このプロジェクトを支えて下さっている。

長島さんは「サンタ・プロジェクト」の学生たちの山古志への受け入れだけでなく、復興副大臣として、さまざまな協力をいただいた。回を重ね、お目にかかる度に「復興」についての熱い思いを語られた。その足掛け四年にわたる集大成がこの一冊である。出版の予定の十月に一緒に祝盃をあげる約束になっていた。ひとりで杯をかたむけるのは、きっとこのうえなく寂しいことであろう。

以上、出版の経緯でお分かりいただけるように、取材と原稿は長島さんの生前と亡くなられた後と混在している。時系列が相前後している箇所があることはご寛容願います。

なお、文中の敬称は略させていただきました。

（二〇一七年九月二十日記）

山古志に学ぶ震災の復興　目次

装　丁／中村　聡

はじめに

わがふるさと　山古志

市町村合併により、現在では長岡市に属していますが、私は新潟県古志郡山古志村の出身です。山古志村は広さがおよそ四十平方キロメートル、東京都江東区とほぼ同じ面積ですが、合併前（平成十七年三月一日）の人口は、およそ千九百六十人。当時（同年一月一日）の江東区の人口が約四十一万八千人ですから、人口の相違が想像できるかと思います。

私は昭和二十六年（一九五一）、山古志村の多くの家がそうであるように、農家と牛を生業とする家に生まれました。長岡市にある県立長岡高校を卒業したのち、東洋大学経済学部に進学。卒業後、一度は都内で就職しましたが、家業を継ごうと昭和五十四年（一九七九）に故郷の山古志に戻ってきました。いわば出戻りです。政治の道に初めて足を踏み入れたのが、平成五年（一九九三）に出馬した山古志村議会議員選挙です。二期目の途中に酒井省吾前村長が引退を宣言され、それを受けて平成十二年（二〇〇〇）に村長選挙に立候補し、当選。村長であった平成十六年（二〇〇四）に新潟県中越地震が起き、山古志村は甚大な被害を受けました。

地震により山古志村のあちらこちらでは土砂崩れが起こり、以前からあった風景を大きく変えてしまいました。しかし、あれから十三年の月日が経った今、山古志村では以前と変わらぬ棚田、牛の角突き、錦鯉といった風景が私たちを迎えてくれています。

地震直後、村に通じる道路が土砂崩れにより寸断され、村が孤立状態にあることから、村長として村に住む人たちの命と生活を守るために、全村避難を決断しました。避難してからは帰村に向けての交渉を行い、平成十九年（二〇〇七）十二月三十一日には、仮設住宅を完全閉鎖することができました。震災により生活拠点を村外に移した世帯、高齢化世帯の増加など、全国的に見られる過疎化や限界集落といった問題が、山古志にもないわけではありません。ですが、震災によって人口が減り、山古志に来る人が減ってしまったわけではなく、むしろ、闘牛や錦鯉の知名度は以前よりも上がり、村を訪れる人は増えているように思います。そこには私が村長として率先して行動したというよりも、方向性を見出したことで、村に住む人々が自分たちから行動し努力したことが、結果につながったと思うのです。

日本は地震に限らず自然災害の多い国です。かつての私は、自分の住む地域に地震が直撃するとは思っていませんでした。そうした思いとは裏腹に地震は起こり、大きな被害が起きたのです。この十三年の間に、平成二十三年（二〇一一）の東日本大震災、平成二十八年（二〇一六）の熊本地震と、大きな地震が起こっています。被害の状況、復興の状況はそれぞれ異なりますが、元の姿に戻るために起こすアクション、方向性の軸となるものは、山古志が復活したものと変わらないのではないか、というのが私の持論です。今一度、新潟県中越地震を振り返りながら、中越地震や東日本大震災といった震災からの復興について考えるとともに、山古志のような過疎地域の未来について考えてみたいと思います。

第一章　山古志を直撃した中越地震

予兆はあった。二ヶ月前、山古志に震度四が記録される地震があったのだ。しかし、この揺れが、後の「中越地震」と呼ばれる大地震の前触れであることを、誰も想像すらしなかった。

もちろん長島忠美もそうである。

地震発生 平成十六年十月二十三日

新潟県中越地震は平成十六年（二〇〇四）十月二十三日に起きました。中越地震が起きる以前の大規模な地震といえば、平成七年（一九九五）に起きた阪神・淡路大震災でしょう。あの地震で、新潟や山古志が大きく揺れるということはありませんでしたが、ビルが傾いてぺしゃんこになったり、高速道路が倒れたりと、テレビで報道される映像から、地震の大きさ、地震から発生されるエネルギーの凄さを感じていました。それでも、報道される地震はどこか別の国の出来事のように感じられ、他人事としてとらえている自分がいたのも事実です。

地震に襲われる二ヶ月ほど前、ちょうどお盆を過ぎた頃だったでしょうか。山古志で震度四の地震がありました。震度四と言っても被害が出るような揺れではなく、私にしても「これが震度四？」と思う程度のものでしたが、意外にもあちらこちらから「大丈夫ですか」と電話をいただきました。震度四というのは、外から見ると心配されるくらいの揺れの大きさなのだと思ったものです。

それから二ヶ月後の十月二十三日、午後五時五十六分、新潟県中越地方を震源としたマグニチュード六・八、震源の深さは十三キロメートルの直下型地震が発生しました。最大震度七を山古志の南東に位置する新潟県川口町で観測、山古志村は震度六強という強震に見舞われたのです。

あの日はちょうど土曜日で、すごくお天気の良い日でした。明日は日曜日だから、朝からトラクターで田んぼを耕そうと、山の上にある田んぼへトラクターを置きに行き、戻ってきて十分経ったかどうかというくらいでした。午後五時五十六分。ちょうど居間のちゃぶ台の横でごろりと横になった瞬間、激しく下から突き上げられ、立ち上がれないような揺れに襲われました。女房は一メートルくらい突き上げられて落っこちたと言うくらい、最初の衝撃はズドンという縦揺れで、一瞬にして人や部屋にあったあらゆる物が空中に飛び上がったかと思うと、次の瞬間、雨のように降ってきました。立ち上がれないほどの揺れの中で、このまま家が潰れて、その下敷きになって死ぬかもしれないと思ったほどでした。

本震のあった三分後の午後五時五十九分、六時三分、七分と続けざまに震度五強、十一分、三十四分には震度六強を観測するなど、激しい余震は絶え間なく続きました。ちょうど三日ほど前にまとまった雨が山古志に降っていたこともあり、私は水分を含んでいた山が頂上から崩れ、地滑りが起きて家が流されているのだと思ったほどでした。

停電で真っ暗になった家の中から、やっとの思いで外に出たところ、近所の人が口々に地震だと話しながら集まってきました。でも、まだどういう状況なのか分かりませんし、この時点でこれが地震なのか、地すべりなのか、それさえも分からない状況で、私はまだこの時、それほど事の重大さを認識していませんでした。

後から、本震から約二時間の間に震度五が七回、震度六が三回ほど起こっていたことを知りました。ただ、真っ暗な闇の中で、月明かりにギシギシ揺れる家、傾いて倒れそうになっている家がはっきり見えると、これは大変なことが起こっている、ものすごい巨大地震に村が襲われていることに思い至りました。硬いと思っていた地面が、こんにゃくのようにグラグラしているのを見ていたら、地震が私たちのふるさとを襲っているというのが、実感として感じられてきたわけです。

女房と娘は、私と一緒に家にいましたので、その場で無事を確認することができましたが、息子たちはちょうど長岡へ出かけていました。無事を確認したい思いはありましたが、当時、私は山古志村の村長でしたから、まずは村長として役場に行って、指揮を執らなければと思い、家族も含め、その場にいる人たちには安全な場所に避難するよう言い置き、とりあえず軽トラックで役場に向かいました。

震災で道が崩れ、行き止まりになった集落道

家から役場に向かう道は、全部で四本ありました。そのうちの一本である県道を進むと、道路が根こそぎなくなっています。ならば別の道をと思い、残り三本の道を行ってみると、あるルートでは、道路の先に土砂をかぶった小山のような盛り上がりがある。これくらいなら突っ切れば行けるだろうと思ったものの、いやいや待てよと思い、車を降りて確認してみると、その先の道路が根こそぎなくなっています。車はちょうど崖っぷちで止まっていたのです。これはまずいと思い、車に戻って慌ててバックしようとすると、なんと後ろにピタリと車が付いているではありませんか。どうやら私が進んで行くのを見て、ついて行けば大丈夫と思ってついてきたらしいのですが、そこへまた震度六の揺れが襲ってきた。ものすごい山鳴りとともに、

周りが崩れていくのを横目で見ながら、「バックしろ」と叫んでも、後ろの人は恐怖で体がかたまってしまって動くこともできない。もうここで死ぬんじゃないかと、そう思いましたね。今となっては笑って話せますが、その時は本当に必死でした。

住宅や車が土石流に飲み込まれ、村外へ通ずる道路はもちろん、村の中の各集落をつなぐ道路は、至るところで寸断されていました。これでは車で進むのは到底無理と思いましたが、村長として、なんとしても役場へ行かなければなりません。そうとなれば歩くしかない。私は家に戻って懐中電灯を手にすると、役場に向かって歩き出しました。灯りがなくても、道路がなくなっても、生まれ育った山古志の村です。どこに何があるのか、村の地形は知り尽くしていましたから、きっと役場にたどり着けると、そう思って歩き出したのです。

孤立する山古志

真っ暗闇を経験したことがありますか？　闇夜、本当に漆黒の闇の中では、家庭用の懐中電灯の明かりでは、足元を照らすのが精一杯で、周りを明るく照らすほどの明るさはないんですね。私は、昔も今も山古志に十四ある集落のうちの虫亀《むしがめ》集落に住んでいます。虫亀は山肌に沿った地域で、金倉《かなぐら》山から見る棚田の風景は、日本の原風景とも言われており、昔から特産品の錦鯉の生産が盛んな場所でもあります。それだけに虫亀には養鯉池が数多くあるのですが、それがこの地震で池の底が抜け落ちてしまい、そこに土砂が流れて積もり、間違えて足を踏み入れると、胸まで泥につかるくらいのところが、至るところにありました。

懐中電灯の弱い明かりだけを頼りに歩くのは、かえって危険だと思いはしたものの、なんとかして外部に村の状況を連絡し、救助を要請しなければと焦っていました。ここに来るまでの状況からして、まず固定電話はダメだろうし、道路や電気といったインフラも、おそらくすべて使えないだろうと思いました。ならば、外部への連絡手段は携帯電話しかありません。ところが、いくらかけても圏外になってしまう。後で分かったのですが、このときすでに地震で電波塔が壊れていたんですね。

役場には常駐の職員がいますから、おそらく、非常用の防災無線を使って、外部に一報を入れてくれているだろうと思い、ならば、私は私でできることをと、携帯電話を使って外部との連絡を試み始めました。携帯電話の電波状態を示す三本あるアンテナマークのうち、一番短い一本が立ったり、立たなかったりという不安定な状況で、どこか電波の拾えるところはないかと探していたら、電波の通じるところが山の上のほうにあったことを思い出し、そこまで登って電話をかけ続けたのですが、やはり電波が弱いのでしょうか、なかなか通じない。かけるだけでも電池は減っていきますから、電池がなくなれば、車に戻ってバッテリーで充電するという行為を繰り返し、充電しながら、カーラジオで地震に関するニュースを聞いていました。

虫亀第1中継ポンプ場付近の崩落現場
頂上の野地が崩れ落ちている

ところが、しばらく聞いていると、小千谷や長岡など、山古志近辺の市や町の状況は流れてくるのに、まったくと言っていいほど、山古志の名前が出てこないわけです。これはひょっとすると、防災無線が壊れて、県庁に連絡を入れられていないんじゃないだろうか、もしかすると、山古志は孤立しているんじゃないか、これほどまでに被害を受けているのに、情報がまったく外に出ていないことに、焦りを感じ始めました。電話も電気もガスも水道も道路もすべて寸断し、暗闇の中で陸の孤島となっている山古志が、日本中からその存在を忘れ去られているような、そんな錯覚に陥り、これは本当にまずいぞという焦りの中で、夢中になって携帯をかけ続けました。その頃、住民と観光客を合わせた約二千二百人が、余震におびえながら、身を寄せ合って救助を待っていたのです。

私は、携帯の電話帳にある番号に片っ端からかけました。でも、どこにもまったく通じません。はじめて、偶然にも通じたのが、隣村の村長でした。もちろん、彼のところにも被害があったわけですから、彼は私からお見舞いの電話が来たと勘違いをしていました。その話をさえぎり、「県庁に連絡を入れて、なんとか山古志を救助して欲しい」とお願いしました。それが地震後、初めて外部の人と話した言葉でした。

それから二時間くらいたった、午後十一時をまわるかどうかという頃、ようやく県庁の災害対策本部に電話がつながりました。

「山古志から連絡が入っていますか?」と確認したところ、「入っていません」という返事でしたので、改めてそこで、「山古志村村長の長島です。一報を入れさせていただきます。山古志村は、おそらく壊滅的な被害を受けたので、救援をお願いいたします。状況が分かり次第、追って連絡いたします」と伝えたのが、第一報でした。

それからも、村内、村外、あらゆるところに電話をかけ続けましたが、どこにもつながりません。村の状況をすべてこの目で確認したわけではありませんが、もう村はダメなんだろうと思いましたね。ですが、その日は土曜日で、しかも地震が起きたのが夕方の六時前です。もしかすると、長岡や小千谷に出かけて、村にちょうど戻ろうとしていた人がいないとも限らない。その中には、役場の職員もいるだろうという、祈りにも近い思いでかけ続けると、百本に一本つながるくらいの確率の中で、山古志に帰れない職員が、長岡と小千谷にいることが分かりました。本来ならば、「すぐにでも帰ってこい」と言うところですが、私はあえて「山古志には帰ってくるな。県庁の出先機関である振興局に飛び込んで、そこで救助を求めろ。そしてそこで私の連絡を待て。歩いて村へ戻ろうとする人を止めてくれ」と指示しました。

振興局というのは、長岡駅近くに設置された長岡地域振興局のことです。翌年の春に予定されていた、山古志村と長岡市の合併に向けての活動拠点としてお世話になることも多く、職員同士も顔なじみでした。結果論ではありますが、村役場の職員をこの振興局に集めたことにより、以降の避難活動がスムーズになったと言えますし、また、村へ戻ろうとしていた人たちに事情を話し、暗闇の中、道なき道を帰って来る事で起こるであろう、二次被害を未然に防ぐことができたとも思っています。

山古志を救った知事からの電話

その日は夜が明けるまで、あちらこちらに電話をしながら過ごしました。空が白み始めた頃、はじめて私の携帯電話が鳴りました。なんと知事からの電話でした。「何が必要ですか?」と聞かれましたので、「自衛隊のヘリを寄こしてください」と言ったところで、電話が切れてしまいました。短い会話でしたが、知事に私の思いは伝わったはずだと思いましたので、周りが明るくなってきていたこともあって、役場に向かって歩き始めました。山を登ったり、くだったり、道路がなくなっていることは承知していましたが、役場へ至るまでに見た光景は、どうしてこんなにひどい地震が山古志を襲ったのか、いったい村はどうなっているんだという、説明しがたいものばかりでした。

自衛隊のヘリコプターが来たら、役場の駐車場に降りてもらおうと思っていたのですが、役場が見えるところまでたどりついて驚きました。駐車場の手前の山が、頂上から崩れ落ちて、そ

震災時の住民登録者数

(H16.10.23現在)

集落名	世帯	人数
種苧原《たねすはら》	194	608
虫　亀	145	440
池　谷	35	98
楢《ならの》　木《き》	29	110
竹　沢	78	274
間内平《まないひら》	26	87
菖　蒲	8	21
山　中	13	65
油《ゆ》　夫《ぶ》	21	69
桂　谷	39	120
梶　金	31	89
大久保	20	52
木《こ》　篭《ごも》	26	67
小松倉	25	67
合　計	690	2,167

山古志中学校入口付近

の下の住宅や道路、そして駐車場までもが無くなっていたのです。これでは、駐車場にヘリコプターは降ろせません。もともと平らな土地が少ないところですから、残るは山古志中学校のグラウンドしかないわけですが、当時、中学校のグラウンドには、役場の職員と近隣集落の住民たちが合わせて二百五十人くらい避難していました。そこで、グラウンドにいた三人の職員とともに、山古志村災害対策本部の設置を宣言し、グラウンドをヘリポートにすることにしました。

石灰で、ヘリコプターを降ろすための目印を描いた一時間後くらいでしょうか。無線機を積んだヘリコプターが、こちらへ向かってやって来るのを見た時、やっとこれで外と連絡が取れるという思いで、いっぱいでした。

村を捨てるのか、村に残るのか

村民がどうなっているのか、生きているのか、死んでいるのかさえ分からない状況でしたから、自衛隊のヘリが来た時は、これで村の状況を把握することができると思いました。村は四十平方キロメートルくらいの広さです。自分が生まれ育った村ですから、他の誰よりも、村のことは私が一番よく分かっています。私は、歩けるところは自分で歩いて状況を把握しようと思っていましたが、地震で道がなくなった状況を目の当たりにしていましたので、自衛隊だけでなく、消防、警察のヘリが来てくれた時に、「とにかく、空から見た状況を教えてください」と伝えました。

十四ある村の集落には、若い人たちが、それぞれの集落に歩いて入って状況を確認し、怪我人や道路、住宅の様子など、さまざまな情報を持ち帰ってきてくれました。ヘリからの報告も合わせると、だいたい午前十時頃には、山古志の被害状況が分かってきました。まず、集落と集落をつなぐ道路が根こそぎ無くなっており、山古志にあるすべての集落が孤立している。電気、電話、水道と主要なライフラインが壊されている。村役場、学校といった公共施設もすべて被災しているうえに、目に見える範囲に限っても、住宅の約半数が壊れているという、思っていた以上に深刻な状況でした。

村長として、この場の私に与えられた課題は、いかに村民の命と財産を守り、生活を続けさせていくのか、ということです。しかもその当時は、翌日に行われるはずの錦鯉の品評会のために来ていたバイヤー、紅葉を見に訪れた観光客もいましたから、村民の命だけでなく、今ここ山古志にいる人たちの命は、どうすれば守ることができるのか、途方に暮れる思いでした。山古志は他の山間地域と同様に、高齢者の人口比率が高く、あと一ヶ月もすると十一月下旬には初雪が降り、冬がやって来るという状況下にありました。この現状を見る限り、たった一ヶ月や二ヶ月でインフラを復旧させ、災害を克服できるような状況に戻すことが困難であるのは明白です。かといって、急に新しい住まいを確保することも難しい状況です。このまま村に留まることが果たして本当に村民のためになるのか、命の危険を増すことにはならないのかと、幾度となく自問自答しました。

東京や大阪といった大都市では、コミュニティは住む場所として成立しています。けれども、山古志におけるコミュニティは住むだけではなく、生活に関わるすべてによって成立しています。それは、村を離れるということが、生活を捨てることに直結することと同じだということ

公共施設等被害状況

役場庁舎・村民会館（現山古志支所・現山古志会館）	周囲崩落による建物の傾斜・外部階段の沈下、外壁損壊、合併処理槽の損壊、電気・配管設備等の破損
村民体育館（現山古志体育館）	周囲崩落による建物の傾斜、アリーナの天井仕上げ材の落下、電気・配管設備等の破損
竹沢保育園	地盤すべり・落下による建具の歪み、壁の亀裂、プールサイドの亀裂、給配水管等の破損、電気・配管設備等の破損
山古志闘牛場	地面の陥落・沈下、記念碑等の倒壊
古志高原スキー場	山頂ステージ部に地割れ・一部崩壊、ケーブル線・停留所安全装置・運転装置盤の破損、リフト支柱の傾斜、電気・配管設備等の破損
山古志小学校	校舎の傾斜、杭・梁剪断破壊、床陥落、グラウンド沈下・亀裂 平成18年8月に取り壊し、跡地にり災者公営住宅を建設
山古志中学校	校舎の傾斜、柱剪断破壊、床沈下、グラウンドに亀裂 平成18年10月より小中併設校として再開
なごみ苑	床・階段に亀裂、基礎露出、杭・堅樋・設備配管等の破損、駐車場の崩壊、車庫・床・壁の亀裂、調理室等の配管・機器の破損
民俗資料館	全壊により平成18年9月解体
簡易水道	全壊
通信	共同アンテナ15基全壊、NTTドコモ鉄塔2基損壊

なのです。

村の各集落で孤立している二千二百人に、ヘリコプターで救援物資を輸送し続ければ、ライフラインを維持することはできるかもしれません。けれども、余震におびえて建物の外で避難している人の中には、多くの高齢者も混じっており、そんな状態で何日も過ごして全員の命を守ることができるのだろうか。だからといって、村長として「村を捨てろ」と言えるだろうか、と悩みましたね。

しかも、翌二十五日の夜から雨になるという予報が出ていました。余震のたびに山が崩れ、土砂が流れる状況に、さらに雨が降れば、せっかくこの地震を生き延びた人たちの命が、危険にさらされてもおかしくない。そうであれば、たとえ一時的であれ長期的であれ、冬の寒さがしのげる暖かくて明るい場所に移ってもらい、その間に村として対策を練るのが最優先課題なのでは……という思いに至りました。全村民を再び迎え入れられる環境を整えたうえで、また村に戻ってきてもらうことが第一なのでは、という結論に達したのです。

とはいえ、村民には家や財産を捨てることをお願いするわけですから、とてもつらい決断でした。家や田畑はもちろんのこと、錦鯉や牛など、生き物という垣根を越えた、いわば家族の一部をも捨てて欲しいとお願いしなくてはならないからです。また、十四ある集落すべてが被害を受けてはいましたが、集落によっては地すべりにあったところもあれば、それほど大きな

住宅被害

（単位：棟）

	全壊	大規模半壊	半壊	一部損壊	計
山古志地域	297	69	204	103	673
新潟県全体	3,175	2,167	11,643	104,510	121,495

＊実際に居住していた住宅数を集計しているため、住民登録世帯数とは一致しない

人的被害

（単位：人）

	死者数	負傷者数
山古志地域	5	25
新潟県全体	68	4,795

被害のないところと、場所によってその被害の大きさにはばらつきがあるため、地区によって、なぜ自分たちも避難が必要なのか、と思う人が出てきてもおかしくない状況でありました。

陸や空からライフラインを維持し続けることは無理であり、ここで村民全員を安全な場所に移動させなければ、犠牲者が出るかもしれない。状況が見え始めた朝の十時頃から考え始め、具体的に決断を下したのは午後一時ごろだったと思います。その場にいた三人の職員を前に、「全村民に避難をしてもらう決断をした」と伝えました。避難において車は使えませんし、高齢者が多くて歩くこともままなりません。そこで、県庁と自衛隊に「全村避難をさせていただきたい」と申し出たと同時に、「道路が使えないのでヘリを用意して欲しい」「明日中に避難を完了さ

せて欲しい」とのお願いをさせていただいたのです。

前代未聞の全村避難へ

実のところ、これはかなり無理なお願いだったようですが、私としても、全村民にいかにして伝え、理解してもらうのか。さらに村内にはもはや避難場所はないわけですから、受け入れ先はどうするのか、といった多くの課題に直面していました。

まず受け入れ先の確保ですが、帰村できずに、長岡市の振興局で私の連絡を待っている職員たちに、長岡市との連絡役を担ってもらい、避難所の確保に奔走してもらいました。長岡市も甚大な被害を受け、空いている体育館や公民館など無いという状況下でしたが、それでも受け入れ先として、振興局の隣にある長岡大手高校を確保することができました。これも、翌年度の合併に向けて、村と長岡市、そしてそのバックにいる新潟県や国が緊密な連携を取り合った結果です。まずは長岡大手高校に、山古志からのヘリを離発着させるための緊急ヘリポートをつくり、そこに降り立った村民を、待機している大型バスで次々と避難所へと誘導するという手はずが整いました。

村民の受け入れ態勢が整い、残るは村民への連絡です。これは、村に残っていた役場の職員、教育長や建設課長にそれぞれの集落に行ってもらい「明日、ヘリコプターが飛ぶから避難をして欲しい」ということを伝えてもらいました。なかにはやはり、村に留まりたい、家族同然の牛や鯉を見捨てて避難はできないという人もいました。私も牛を飼っていますから、その思いは痛いほど分かっているつもりです。このままここにいても、冬を越すことはできませんし、生命に危険が及ぶのは明らかです。ですが、村に残りたいと言う人には私が直接話しました。村長として、村民の安全を守ることが第一であること、一度は村を離れるけれども、それは見捨てるわけではない、なるべく早く村へ戻れるようにするから、住めるような状態になるまでしばらくの間、村を離れてくれ、と話をしました。それぞれが私の話に耳を傾け、最後には全員が村を離れる決断を受け入れてくれました。

地震から二日経った二十五日の早朝、自衛隊、警察、消防など、所属先も種類もさまざまなヘリコプターが、山古志に向かってやってきて、着の身着のままの村人たちを運んで行きました。そして午後三時、最後の村民を乗せたヘリコプターが村を飛び立つのを見送り、私は村民が全員避難した後の、本当に最後の一機で村を飛び立ちました。無事故のうちに全村民の避難が完了したことへの、安堵の思いがなかったわけではありません。しかしながら、その思いよりも、ヘリから見えるあまりにも変わり果てた村の姿に、言葉が出なかったというのが本当のところです。

前日に、私と同じようにグラウンドまで歩いて避難してきた人が、「山ができた」と言っていました。山が崩れることはあっても、新たに山ができるなんて想像できますか？　私も実際に見るまでは、何を言っているのか想像もつきませんでしたが、実際に空からその光景を見てみると、彼が言わんとしていた状況がよく分かりました。田んぼや、杉の木が生えたままの山が、そっくりそのまま百五十メートルほど先の川の中に、移動していたのです。川の中に山があるのを目にした時、人の力の及ばない、もの凄いエネルギーが働いたのだと、自然の力の凄さ、大きさを思い知らされました。この事実、現実を突きつけられ、自然の力に、人の力は及びようがない、もう二度とこの村に住むことはできないとも思いました。でも、その時の思いを、もし私が本当にその時、口にしていたら、誰もが希望を失くしてしまっていたでしょう。私が村長として発する言葉は、住民の希望にもなるし、失望にもなる。だからこそ、この思いは口にしてはいけない、自分の胸の内に留めておこうと思いました。

ヘリコプターから見える景色に打ちのめされそうになりながらも、私は、絶対にこの脅威なる自然の力に負けない、必ずまた戻って、ここで生活すると自分自身に誓いました。それが、これからの生活の希望となり、村に戻るためのエネルギーになると思ったからです。

私も希望を捨てませんでしたが、村人たちもヘリから見える景色を目に焼き付け、また村に戻ってくるぞと思ってくれたことが、自然の力に立ち向かい、もとの生活を取り戻す原動力となったわけですから、人間の持つ希望の力ほど凄いものはないと思っています。

けじめとなった一時帰村

こうして無事故のうちに、全村民を避難させることができたわけですが、最初はとにかく、村民を安全で暖かい場所に落ち着かせることだけに、目が向いていましたし、避難所に行けばなんとかなると思っていて、あまり先のことを考えていなかったように思います

災害が起きた際に報道される、体育館などの避難所生活は、実際に自分が避難するまでは、テレビの中の遠い出来事だと、私も職員も思っていました。いざ現実に直面してみると、毛布や食料、水といった生活に必要な物資は、魔法のように生み出されるわけではなく、誰かが手配しないといけないことなのです。しかし、私たちにはそうしたノウハウなど、あるはずもありません。

最終的に、山古志村は市内八ヶ所の避難所を確保することできました。ヘリが長岡大手高校に着くと、毛布などの最低限の物資が手渡され、各避難所に振り分けられました。次々と運ばれてくる村民を、次々と振り分けていくわけですから、集落もバラバラになっていました。ですが、その時はもう必死でしたから、まずは避難所に入り、自分たちの場所を確保することだけが精一杯で、他のことにまで気が回っていなかったのです。

避難から一週間なのか、ほんの数日経ったのかは覚えていませんが、少し村民も落ち着いてきたかと思った頃、避難してきた村民の多くが、着の身着のままで、牛や鯉、ペットといった生き物に限らず、大切なものを村に残してきていることが分かりました。おそらくみんな、余震さえおさまったら、すぐに村に帰れるだろうとの思いでいたのだと思います。

そうした気持ちとは裏腹に、余震は絶え間なく起こり、おさまる気配がありません。このまだと避難所生活が長引きそうだ、村に残してきたものはどうなるのだろう、この避難所生活はいったいいつまで続くのだろうと、村民たちが思うのは無理のないことです。避難している人々の間から、大事なものを取りに、村に帰らせて欲しいという声が上がってきました。倒壊しそうな家や寸断された道路など、危険であるから避難したのに、またそこへ戻りたいなどと、本来であれば避難に尽力いただいた県や自衛隊に、言えるはずもありません。ですが、このまま村に帰ることなく避難所で生活をし続ければ、希望を持つどころか、村の人々の気持ちが荒んでしまうだろうとの思いから、ほんの一時で構わないので、なんとか一時帰宅させてもらえないかと、まずは県と交渉しました。

さらに、道路はまだ寸断された状態ですから、車や徒歩で村に入ることはできません。帰村するには、やはりヘリコプターをお願いするしかなく、自衛隊とも交渉しました。交渉の結果、余震が収まりつつある十月の終わりに、二時間だけの一時帰村が認められました。私はその時、ヘリを操縦する自衛隊の方に、できるだけゆっくり、上空から被災地を村民に見せて欲しいとお願いしました。

一時帰村の目的は、残してきた大事なものを取りに戻るということです。ですが、私は村民全員に、災害を共有して欲しいという思いがありました。災害というのは、地域によっては被害の状況がさまざまで、決して平等ではないという特徴があります。それほど被害がないところもあれば、かろうじて家が建っているところ、ぺしゃんこになってしまっているところと、さまざまです。特に、家がぺしゃんこになっている人の場合は、自分たちの力では、もうどうしようもありません。許された二時間は、村民にとって貴重な貴重な二時間ですが、その時間を家に入ることができず、玄関先で涙を流して帰ってくる人もいっぱいいたのです。

一時帰村した日の夕方でした。私のもとへ、村民に帯同してくれた自衛隊の隊員の方が来て、「もう一回、一時帰村をやりませんか」と言ってきたのです。「なぜですか」と言うと、「実は、せっかく帰宅したのに、家がぺしゃんこで入れなかった人が何十人もいます。このままにしておいたら、彼らは希望を失くしてしまいますから」と。それでもう一度、県にお願いして、家に入れなかった人たちの一時帰村をしたのです。

その時も、やはりヘリコプターで村に入り、自衛隊の隊員が警護ということで、帯同してくれました。彼らは前回の教訓を踏まえ、ヘリにチェーンソーやバールといった、倒壊した家の中に入るための機材を積み込み、実際に、その家の中の大事なものがあるところまで、いろいろな障害を取り除きながら進み、それぞれが必要としている、位牌やアルバムなどを取り出すための手助けをしてくれました。こうした行為は、自衛隊の任務なのかという問い合わせがあった時、自衛隊の幹部の方は「国民が危険な状態の中に入ろうとする時に、その危険から身を守るのが私たちの任務です」と言ってくださいました。その言葉、その思いは、今も本当に忘れることはできません。

自衛隊の協力もあって、被害の大きさに関わらず、村民それぞれが、自分の家に大事なものを取りに戻ることができました。さらに、上空から被害の全容を知ることで、諦める部分と覚悟を決める部分が生まれたような気がします。

〝災害を共有する〟とは

この一時帰村で、災害に対する思いを共有してもらいましたが、集落として思いを共有することも大事だろうと思ったのも、この時です。それまでは、到着順に八ヶ所の避難所に分かれていたため、ひとつの集落でも、避難所がバラバラになっているところがありました。介護が必要な方は、福祉施設に受け入れをお願いしていたので問題ありませんが、そこまでではない元気なお年寄りは、避難所で生活をしていました。こうしたお年寄りの多くは、日中に限らず、夜になっても話し相手がなく、ポツンとしていることがあったのです。集落がバラバラになってしまったために、お年寄りが置き去りにされている状況が生まれている、この状況をこれ以上見過ごすことはできないと思い、十一月三日、集落ごとに避難所を配置するよう、避難所の引っ越しに踏み切りました。

やっと落ち着いたのに、また移動かと言う人も大勢いました。文句のひとつもあっても致し方ない状況の中、アイデアマンの職員が、バスとトラックを山手線のようにぐるぐる巡回させ、荷物の荷札には○○体育館と書いてトラックで輸送する一方、住民は来たバスに乗ってぐるぐる回りながら目的の体育館に移動するという方法を提案してくれました。この方法を実践すると、なんと一日で移動は終了し、それぞれの避難所が、集落ごとのまとまりになって落ち着きを取り戻したのです。

私は、集落の中でも被害の大小はあって、そういう人たちの意識のすれ違いが、一番大きな問題になるだろうと思っていました。引っ越しから二～三日経って、避難所を回ってみますと、元いた集落の人同士が、一緒に生活をすることで、お互いに支えあったり、相談しあったりする力が生まれていることに気が付きました。災害時に必要なのは、このお互いを思いやるという気持ちなのではないでしょうか。

集落の力というのは大きいものです。昔の山古志は、今よりも雪が深く、雪かきも家の修理も農作業も、すべて共同作業でした。人と人が助け合わなければ生きていくことができず、人の手助けをするのは当たり前でした。それが、暮らしが便利になっていくにつれて、薄れてきていたわけですが、災害を共有することで、弱まっていたコミュニティが、もう一度目覚めたようでした。コミュニティは無くなったわけではなく、ちゃんと人々の中に息づいていたのです。村として支えあう気持ちが、災害というものを発端に芽生えたともいえます。あとは、村を取り戻すという思いを共有してもらうことが、次に私に課せられた仕事なのだと痛感しました。

復興に向けて気持ちが固まったのも束の間、その年の冬は、中越地方を中心に十九年ぶりとなる豪雪となり、地震に加えて豪雪が、村を襲いました。山古志はもともと、世界でも有数の豪雪地帯で、毎年約三メートルもの豪雪に見舞われる地域ですから、雪が多く降ることは珍しくありません。ですが、地震で家や道路も大きな被害を受けていましたから、例年より多い雪でさらに被害が拡大し、より復興に時間がかかったと言えます。

地震の翌翌年となる平成十八年（二〇〇六）、さらに平成二十三年（二〇一一）からは、平成二十四年（二〇一二）、平成二十五年（二〇一三）、平成二十六年（二〇一四）と毎年のように豪雪に見舞われています。平成二十四年（二〇一二）二月には、当時、自民党総裁でした谷垣禎一氏が、山古志に視察に来てくださいました。当時の私は、山古志村の村長ではなく、一衆議院議員でしたが、地震からの日々、そしてこれまでの数々の豪雪に対していただいたお言葉は、忘れることがありません。

あの時、ヘリから見た山古志の景色。そして村を取り戻そうと決意したことの裏側には、こうして多くの方々が、山古志を忘れることなく、陰ながらサポートしてくださったことに支えられているのだと思わずにはいられません。

補遺1 「その時私は」

気象庁は、この地震を「新潟県中越地震」と命名。新潟県は、新潟中越大地震と呼んでいる。その被害は6ページの「震度状況」に示した通りである。

震度五弱は、県境を超えて福島県、群馬県、埼玉県、長野県でも記録している。震度五強以上の強い地震に見舞われたのは、県内は長岡市、小千谷市、見附市などである。

その時、山古志に隣接する自治体の状況はどうであったのだろうか。また長島忠美の下した決断をどうみていたのだろうか。(なお、長岡市長の取材は長島生前時である)

その時、現長岡市長の磯田達伸は長岡駅から数分のところにある自宅から、長岡の中心街に向かって車を走らせていた。ものすごい揺れが来て、その時磯田は一瞬、何が起こったのか分からなかった。しかし、同時にいつかはこういうことが起こるだろうという意識があった。すぐさま家に車を走らせ、家族の安全を確認し、近くにある会社の広い駐車場に近所の人たちも集め、余震が収まるまでここにいるようにと言い残し、役所に向かう。

長岡市長　磯田達伸

市役所に職員はまだ集まっていませんでしたが、当時の森民夫市長はすぐに自転車で駆けつけました。私は当時、都市整備部長という街づくりの担当部長でした。すぐに災害対策本部を役所に設置しようと思ったのですが、市役所が余震で絶え間なく揺れ、倒壊の危険を感じました。近くにあった消防本部に移り、そこに災害対策本部を設置しました。ものすごい余震はその日中続いていましたので、夜になっても被災状況が把握できないまま、翌日以降も市役所に泊まり、災害対応に当たりました。

最終的な長岡市の被害状況は、新潟県全体の死者六十八名のうち二十八名、負傷者は重軽傷をあわせて二千四百三十八名、建物の全壊は二千百九十七棟、大規模半壊が千四百五十七棟、半壊が七千五十二棟、一部損壊が五万八千八百三十九棟と、新潟県の被害全体の半分が長岡の被害でした。

　私は阪神淡路大震災の一週間後に神戸に入り、被災地の光景をこの目で見ています。もし自分たちが同じ立場になったらどうなるだろうという思いは、その頃から常に持っていました。「今度は自分たちの番なんだ」という強い思いで、これから市役所は組織をあげて対応しなければいけないという気持ちになりました。

　災害は無いに越したことはありませんが、起こった際に何かのかたちで体験しておくことはとても大事なことだと思います。阪神淡路大震災以降、あるいは中越地震以降、被災地支援が全国的に広まりました。支援を求める被災地に、支援をしたいという若い人を中心としたボランティアが数多く生まれました。自治体関係者も被災地に支援に行ったり、NPO法人の方がわれわれ自治体と一緒に被災地に行って支援を行うこともしています。自分たちの経験をもとに支援するということだけではなく、次にどこかで何かがあった時、おそらくその経験が活きてくるのではないでしょうか。

　震災当時、山古志で何が起きていたかは、まったく分かりませんでした。その中で、長島さんがかけた携帯電話がかろうじて和島村の村長につながり、「全村避難しないとだめだ」という意思を当時の森市長に伝え、森市長はそれを即刻受け入れた。被害の大きさを知ったのは、後になってからです。

そうした状況下で全村民二千二百名の方が全村避難で、一挙に県立長岡大手高校などにヘリコプターで避難して来たわけです。その時初めて、山古志で大変なことが起きたんだと知りました。私は少し落ち着いてから山古志に入りました。いたるところで山の斜面や道路が崩落して、村の景観が変わっていました。「帰ろう山古志へ」というスローガンを掲げ、集落ごとに仮設住宅に入り、コミュニティを保持したまま、全村避難した皆さんを励まし、頑張られていた長島さんの姿は本当に印象的でした。

そして、そこから山古志の本当の復興が始まったわけです。長島さんは山古志村と長岡市の合併後は復興管理監という市の特別職に就き、避難された方々の声を聞き、集落をどのように復旧させるかの議論を続け、帰村を目指しました。長島さんは最後まで仮設住宅に残り、一番最後に山古志に帰ったのです。

私は山古志の復興は全体が大きな物語になっていると感じます。それはやはり、帰村から復興までの物語を、長島さんがはじめから心の中で描いたからなんだろうと思うのです。随所で各問題に対応することで生まれてきたのではなく、全村避難する時に「絶対みんなで帰るんだ」という思いを強くされた。そういう強い意志から物語が生まれたのだと感じていました。今でも長島さんがこの話をすると、涙が出てきます。

長島さんの山古志の村長としての復旧復興、東日本大震災の被災地に関わった話は大きなストーリーとして日本に残るだろうと思います。この間の熊本地震、福岡県朝倉市の水害にも我々は現地に行きました。長岡から来たというと被災者も地元の自治体も喜んでくれます。行けばいろいろなノウハウもお教えできますが、本当にお伝えしたいのは長島さんから学んだ復興の「物語」なのです。

小千谷市長　大塚昇一

小千谷市長の大塚昇一は大好きなバレーボールの練習を終えて帰宅したところだった。その時、「ドカーン」という体感。一瞬の出来事だった。体が持ち上げられ、宙に浮いたようでもあった。部屋には食器やガラスが散乱し、ドアは開かない。それでも何とか別の出口から部屋を出て、急いで家の外へ飛び出した。

当時、私は小千谷市の職員でした。市の防災マニュアルでは、震度五強以上の地震が起きた場合は、連絡がなくても直ちに市役所に参集することになっていました。

外に避難して間もなくやってきた最初の余震。本震と同じくらいの激しい揺れに立っていることができず、思わず道路にへたり込んでしまいました。見上げると、目の前には次々と電柱が倒れかかり、地面も波打って揺れていたのを今でも覚えています。

気を取り直して立ち上がり、市役所へ急ぎました。到着するとすでに何名かの職員が集まっていましたが、市役所は倒壊の危険性があるとのことで、すぐ近くの消防本部の脇にテントを張って情報収集を始めました。しかしながら、あっという間に夕暮れとなり、この場での災害対応は困難と判断し、危険ではあるけれども自家発電装置のある市役所に災害対策本部を移すことになりました。

災害対策本部での私の役割は調達部長でした。取り急ぎ水や食料、毛布やトイレ、物資を調達しなければならないのですが、当時の備蓄はわずかなうえ、市内全体に大きな被害が出ていて、どこに連絡しても食料や水を確保することはできません。その日は飲まず食わずの状態で対応に追われました。

時間の経過とともに災害対策本部には徐々に情報が集まってくるようになり、旧山古志村に隣接する塩谷という集落で家が倒壊し、子ども三名が下敷きになったという情報が入ってきました。道路の崩落や崖崩れの中、塩谷の住人が市役所までの十五キロもの道を歩いて助けを求めてきたのです。それと前後して自衛隊が小千谷市へ入ってきました。すぐに現地に向かうので道案内をしてくださいと言われましたが、道案内といっても道路は通れない状況です。職員が先導して徒歩で塩谷に向かいましたが、残念ながら三名の尊い命を救うことはできませんでした。翌日、孤立集落となった塩谷の住人は自衛隊のヘリコプターで救出されました。

不眠不休の対応が三昼夜続きました。この間ずっと気になっていたのは家や家族の状況でした。市役所の電話は鳴り止まずほとんどパンク状態で、こちらから発信することはできません。ですから家族とはまったく連絡が取れず、どうなっているのか分からない状態でした。四日目の明け方、気力を振り絞って向かった自宅は確かにそこにありましたが、家族はどこにもいません。近所の人に尋ねると、「あの辺の道路に止めてある自動車の中にいるみたいですよ」と。軽自動車に近づき覗き込むと、そこには家族四人の姿がありました。無事な姿に安堵するとともに、またすぐに市役所へ戻りました。

小千谷市は、この年の五月に東京都杉並区と防災協定を結んでいたこともあり、人的にも物資や金銭面でも大きなご支援をいただきました。この他にも本当に多くの自治体からたくさんのご支援をいただいたことは今でも決して忘れることはありません。新たな被災地支援が少しでも中越地震の恩返しになればと考え、当時ご支援いただいた全国約七十の自治体と『中越大震災ネットワークおぢや』という組織を立ち上げ、毎年研修会を開催するほか、万一の時には相互支援を行っています。

震災前から長島さんには、錦鯉という産業を通じてたくさんのご指導をいただいていました。

錦鯉の病気対策などで山古志村役場（現山古志支所）を訪れると、いつもやわらかな表情で「お茶でも飲んでいかねえか？」と村長室から声をかけてくださったことが思い出されます。

長島さんが決断した全村避難という選択は的確だったと思います。自治体のトップは常に行政を意識して、自分たちの管轄するエリアの中で何とかしようと考えますが、時にはそれさえも超えて決断しなければならない事態があることを教えてくださったと思います。震災後、錦鯉や養殖池の被害調査のために水産庁の職員を現地に案内する機会があり、小千谷市東山地区や旧山古志村上空をヘリで回りました。山は崩れ、谷は土砂でせき止められ、道路はずたずたになり、破壊しつくされたといった信じがたい光景でした。

その後も仮設役場に何回か長島さんを訪問する機会がありました。「皆が帰るまで酒は飲まない。俺が最後に帰るんだ」と言いながら、いつもの柔和な顔で村民に寄り添っておられました。すぐそばに村長がいる。そのことが現在の山古志地区の復興につながったのではないでしょうか。


見附市長の久住時男が市長に当選したのは、中越大地震の二年前である。久住は毎年、十月二十日前後に市政報告会を行うことにしている。地震当日の十月二十三日には、市役所隣の文化ホールで開かれることになっていた。市政報告会へ自宅をまさに出ようというその時に、激しい揺れがきた。家人に「靴を履いて動けるように」とひとこと言い残して、会場に向かった。文化ホールは建物が頑丈であったこともあり、この揺れが収まったら報告会をやろうかとスタッフたちは話をしていた。会場到着とともに、久住はただごとではない事態が生じていると伝え、スタッフたちには自宅に帰るようにと指示して役所に入った。公式な記録で、見附市での災害対策本部の設置時間は、ほぼ地震直後の午後六時十分となっている。

見附市長　久住時男

この年の七月十三日、見附市を流れる刈谷田川の大氾濫が起きました。「七・一三水害」と言います。見附市だけで五ヶ所破堤し、大きな被害が出ました。これが私が市長になって初めて直面した大きな災害でした。この水害は、台風や集中豪雨と異なり、今でいう線状降水帯であったため、八月六日まで続きました。二十五日間で避難勧告、避難指示を発令したのが十二回、解除が七回でした。当時は、私も職員も災害についてまったくの素人、災害対策本部を経験するのも初めてのことでした。発災当日から、消防や自衛隊に救助に来てもらい、なんとか乗り越えたと思った矢先に中越地震が起きました。

各地域で電気、ガス、水道が止まり、被災の実情や市民に必要な情報は何か等、どう伝えていくかが大きな課題でした。電話も通じていませんでしたので、市民には今日必要な情報をできるだけ毎日届けることを繰り返しました。まず、朝の八時半には関係部署が集まり、今日、市民が必要とする情報は何かを議論し、整理してA３の紙一枚にまとめ、全世帯分を刷って夕方までに各家庭に届けていました。

水害は被災地域がある程度限定されており、近接地で支援してもらえるという要素がありました。しかし地震の時は、避難食の手配さえ、県外に求めざるを得ない状況でした。地震の場合は県外と結びついて協力してもらう視野が必要だと痛感しました。それが水害と地震の違うところでした。

私は水害や地震の災害時に気づいたこと、失敗したこと、今後に残す知恵などを職員全てに意見を求め整理していました。六十四項目、百二十のテーマに及んでいます。それを被災地責任として全国で必要な人に提供しています。災害時に全国の方々から助けてもらいましたが、災害から得た知識をいろいろなところにお伝えしていくのが被災地責任ということだと考え、以来ずっと続けてきています。

見附全体では全壊が五十二、大規模半壊が十八、半壊が五百十四、一部損壊が九千三百三十二棟でほとんどの家が壊れました。しかし、もっとひどいのが小千谷や山古志でした。全国各地から支援に来てくれた救急車等はそちらを優先するように申し上げました。

災害を受けるとどうしても孤独になってしまいます。孤立する環境に置かれてしまうからです。見附も地震の時に仮設住宅をつくりました。その経験から復興時の一番のテーマにコミュニティの復活の重要性を掲げています。災害の後も昔のコミュニティを再構築しようと、平成十七年から始め、一年に一ヶ所ずつ、地域コミュニティ組織を再構築しています。共助の結びつきが強固な地域で暮らすことは孤独にならず、地域に助ける人がいて、相談する人がいる。あたりまえに挨拶する多くの人がいる中で暮らすことは、尊厳を持って見守られるソーシャルキャピタルの高い生活につながります。ハードは時間がかかりますが、地域コミュニティのたまり場を地域毎につくる。私はこれをふるさとセンターと名付けています。地域共助という仕組みが復興のソフト面としては一番大事だろうと思っています。

山古志は全村避難ということになり、避難所でも共助の体制をつくろうとされていたように思います。長島さんは、村民の気持ちが萎えないように繰り返し希望を掲げ、努力をされていた。復興ではこうした精神面での持続性が一番の難しさなのだろうと思っていました。

私が市長に就任したのは平成十四年（二〇〇二）です。長島さんは長岡高校の私の一年後輩で山古志村の村長でした。当時の長岡市長の森民夫さんは私の同期です。その頃、市町村合併問題がかなり進んでおり、長岡市を中心とした広域合併の議論がなされていました。議論の中身はシビアでしたが、お互いに同窓ということもありスムーズに話は運んでいました。長島さんはいつも穏やかな表情で意見を述べられていました。
長島さんが国の大きな役割を担われて、十三、四年が経ちました。多少、体も精神も律するような時間をとらないと、体がついていけない年齢になってきていると思っています。お互いあまり休みが取れない立場で、長島さんは特に気を抜くことのないご性格でしたので心配していたところでした。そういうことをもっと強く伝えておけば、こんなに早くお亡くなりになられることはなかったのではと思い、残念でなりません。

新潟市長　篠田　昭

新潟市は震源地からやや距離を置いていた。それでも揺れた。新潟市長の篠田昭は、その日、新潟県庁近くの事務所で、県知事選で当選したばかりの泉田裕彦とこれからの新潟県と新潟市の協力関係についての話し合いをしていた。本来であれば、泉田は上越に行く日程であった。その矢先に、グラグラグラっときた。

泉田さんは「揺れてますね」とおっしゃいましたが、いやいや「揺れてますね」どころじゃないほどの大きな揺れでした。やっと揺れが収まると、泉田さんが「どうしましょうか」とお尋ねになりました。前の知事である平山征夫さんは、前日の二十二日の夕方に花束をもらって県庁を去っていらっしゃったのですが、まだ現職でした。泉田さんは翌週の月曜日、二十五日に正式に辞令が交付されるため、実際にはまだ知事ではなかったのですが、私は、「それはすぐ県庁へ行った方がいい」とお話ししたのです。

県庁内の大混乱ぶりを自分の目で見て、耳で聞いたことは、圧倒的な情報量の差となって、泉田さんの中に蓄積されたと思います。初動に恵まれ、またどの幹部よりも早く到着できたこと。それは泉田さんにとって、以後の中越地震の対応において大いに役立ったのではないでしょうか。

私は平成十四年（二〇〇二）に市長に就任しましたので、中越地震は一期目の半ばで遭遇した大規模災害でした。地震のあったその年の七月十三日に「七・一三水害」と呼ばれる豪雨災害があり、これを機に、当時、若手の市町村長が集まる「ほたるの会」で長島さんと知り合いました。長島さんは喋りたがりがいっぱいいる中で、意見を言わず、いろんな方の意見をしっかり聞いていらっしゃる方でした。

ちょうどその頃、新潟県下ではいわゆる平成の大合併で、多くの市町村が合併することに決まっていました。私は大合併記念の歌をつくることを考えました。作詞は新発田出身の作詞家たかたかしさんに、作曲は遠藤実さんにお願いし、そして歌は小林幸子さんに歌ってもらうこ

小林幸子さんと田植えをする長島さん

とに決めました。それはこれまでの物悲しく、暗い日本海のイメージではなく、日本海に向けて開けていく、明るい新潟のイメージでと。

いざ吹き込むという時にあの中越地震が起きました。遠藤先生やたかさんから、これは、中越大地震の応援歌に作り直すべきじゃないかという話が出ました。当初の趣旨は違うわけですが、歌をもう一度つくり直し、そして『越後絶唱』という歌に変わったのです。こうした流れの中で、小林幸子さんは山古志に、「もし私で何かできることがあれば、なんでも言ってください」と言ってくれていました。

今でもよく覚えているのは、彼女が軽トラックの荷台の上で歌っていたことです。村の人がトラックのまわりを取り囲んでいて、その時も幸ちゃんは歌いながら泣いていたんじゃないかな。でも、ものすごく村の人たちが喜んでくれましてね。幸ちゃんはその時が初めての山古志慰問でした。次の年には田植えに来てくれました。田んぼを借りて「幸ちゃん米」をつくるということが、以後、恒例になって続いています。

山古志の全村避難は、長島さんにとって、とても大きな決断だったと思います。山古志には牛や鯉といった生きものもいっぱいいる。しかも住んでいる人たちは、棚田とともに生きてきた人たちです。たとえ期間限定とはいえ、全員で村を離れるということは、相当な抵抗を受けたはずです。俺は絶対、牛とともにここに残るとか、おそらく大変な修羅場があちらこちらで繰り返されたと思うのです。牛がいないと俺たちはもう食っていけない、生きていけない。こうしたやり取りを聞いていた自衛隊の現場指揮官は、ここでは牛と人間は一体なんだ、人命を救えということは、ここでは牛を救えということと同じなんだということを理解し、そのことを上層部にあげたということを聞きました。

その頃の話になると、長島さんは「つら過ぎるからさ」とおっしゃって、それほどお話しされませんでした。震災から二年くらいたった頃でしょうか。陳情要請があって東京に出たことがありました。じゃあ帰る前にちょっと飲もうと言ったら、「篠田さん、俺、酒が飲めなくなったんだ」と。酒絶ちをして早期復旧、復興を願っているのかなと思ったら、「いやもう本当に体質で酒が飲めなくなったんだ」とおっしゃる。私たちの想像を絶する苦労を二年もされて、そ

被害の大きかった梶金（かじがね）集落。道路が崩壊し、集落が孤立した

のストレスで酒を受け付けなくなっていたのでしょうね。

長岡市の幹部として復興にあたっていた当時、国会議員になるという話が出ると、「逃げるのか」など、長島さんは相当いろんなことを言われていました。その時「一番辛い思いをしたのは、俺じゃなくて女房なんだ」とおっしゃった。その朴訥と話す言葉の中に、長島さんの人間味みたいなものを感じました。

第二章　復興に向けた一歩

天皇・皇后両陛下が山古志村を見舞ったのは、震災からまだ日が浅い十一月六日、いつ余震が起こるか分からない状況下である。長島は両陛下の言葉にどれだけ勇気づけられたことか。

今でも胸が熱くなると、よく口にした。

心の支えとなった天皇皇后両陛下との交流

私は小さな村の村長でしたから、通常であれば、天皇陛下、皇后陛下にお目にかかることなく、一生涯を終えていたと思います。災害とはいいながら、お目にかかる機会をいただき、間違いなく感じたことは、どんな立場の人も境遇の人も、すべからく平等に愛してくださる立場であられる存在が、天皇陛下、皇后陛下、皇族なのだということでした。災害の多い現代ですが、国民にとって、両陛下の慈悲深い言動と行動は、被災者の希望の光になっていると思います。

十月二十三日の災害のあと、まずは、村民をどこに落ち着かせたらいいのか、簡単には村に戻れない状況だとは分かっていましたから、その間どこで生活をしてもらうべきかといった問題に、右往左往していた十一月四日だったと思います。両陛下がお見舞いに来て下さるという連絡が、新潟県庁からきました。「六日に新潟空港にお出迎えに来て、一緒にヘリコプターに乗って、被災地を案内してください」という話でした。

今回の中越地震では、十三市町村に被害がありました。そこで、まさか私のところに、そうしたご案内の話があるとは思っていませんでした。当時は、公式に着るものもなかったので、どういうかたちでお迎えすればいいのか、県庁から宮内庁に問い合わせをしていただいたのだと思いますが、服装は作業服でいいということになりました。

当日、新潟空港で、知事と関係者とともに両陛下をお待ちしていました。陛下がタラップから降りてこられるのを見て、ただただ頭を下げることしかできませんでした。おそらく「大変ですね」というようなお言葉をかけていただいたのだと思いますが、記憶から飛んでしまい、まったく覚えていません。

そのあと、泉田裕彦知事（当時）と私が両陛下とヘリコプターに同乗しました。キャビン四席のところに、天皇陛下と皇后陛下が向かいあってお座りになられ、陛下の横には泉田知事、その後ろに私が座りました。山古志の上空に来た時、ちょうど眼下には紅葉の景色が広がっていました。陛下が一言、「綺麗な村だったのでしょうね」とおっしゃられたことを鮮明に覚えています。そのあと「みなさんはどうしていますか」「牛たちはどうしていますか」「錦鯉はどうしているのですか」とお尋ねになりましたが、ヘリコプターの中はかなりの騒音で、ひざまずいて口元まで近づかないと、お声が聞こえないような状況でした。本当に不遜なことながら、そのご質問に対しては、当時は、まだ牛も鯉も置き去りにしたままでしたので、そのように説明し、村民は避難所で生活していますと、陛下の耳元でご説明させていただきました。小さな村のことなのに、牛や錦鯉のことまで承知され、お気遣いいただいたことに驚くばかりでした。

斜面がえぐれているようなところもご視察いただいたあと、長岡市内の商業高等学校の校庭にヘリコプターは降り、山古志村の八ヶ所の避難所のうち、一ヶ所だけをご視察いただきました。一番大きな避難所にマイクロバスで向かう際も、陛下の隣でご説明させていただきました。

避難所では、靴のままお上がりいただけるように準備をしていたのですが、入り口のところで、陛下が「皆はどうしていますか」とお尋ねになられたので、「ここで、スリッパなどに履き替えて生活しています」とご説明しますと、「皆と同じように」とおっしゃって、そこで靴をお脱ぎになって、スリッパで中へ入られました。

回る順路もスムーズに行くように決めていましたが、できるだけ多くの皆さんにということで、陛下は左側から、皇后陛下は右側からと二手に分かれ、それぞれ膝を折られて一人一人、おじいちゃん、おばあちゃんにも、また小さな子どもたちにもお声をかけられていました。

避難して二週間、途方に暮れてどうしていいか分からない時に、天皇・皇后両陛下が、こうして山古志村を心配してご訪問くださり、お言葉をかけてくださったことが、自分達で立ち上がる勇気に大きくつながったことは間違いありません。

またその後、平成二十年（二〇〇八）九月、天皇・皇后両陛下が「全国豊かな海づくり大会」で新潟県にお越しになった際、山古志に立ち寄りたいとのことで、再度、山古志に足をお運びいただきました。この時は、私が指示したわけでもないのに、全村民が家々の前に日の丸の旗を立て、全員でお迎えしました。今まで、こういうことをする村は無かったと、後でお褒めの言葉を頂戴いたしました。それほどまでに、村民は敬意を持って、両陛下に接したのです。

私も忘れていたのですが、アマチュアのカメラマンが撮った写真をもとに、地震の前に発注してあった山古志のカレンダーが、十一月中旬になってできあがってきました。山古志をお見舞いいただいたお礼に、ぜひ両陛下にカレンダーをお渡ししたいと思い、内閣府を通して、両陛下にお届けしたい旨をお伝えしましたところ、「いいですよ」とのお返事をいただき、宮内庁にカレンダーを二本、届けていただきました。しばらくして、両陛下より「皇居の中にかけてあります」というお言葉を、内閣府を通していただきました。そのお言葉は、もちろん仮設住宅の村民全員に伝えました。

十二月に入り、歌会始に向けてのことであったと思うのですが、宮内庁から天皇陛下の御製の連絡がありました。「それが陛下のお心です」というのです。

御製が刻まれた「中越大震災復興記念碑」。平成20年（2008）に天皇皇后両陛下が訪れた場所に建立されている

地震《なゐ》により
谷間の棚田　荒れにしを
痛みつつ見る　山古志の里

という歌でした。これもまた紙にしたため、各仮設住宅の集会所に張り出させていただきました。現在では、宮内庁の許可を得て、その御製の碑は竹沢の公営住宅に建てられています。

平成十七年（二〇〇五）四月一日の合併によって、村長でなくなれば、地元に帰り、被災地の先頭に立って仕事をしようと思っていましたので、三月初旬より、東京都内で役所などへ挨拶に回っていました。内閣府に寄らせていただいた時に「村長、四月十三日は空いていますか？」

と聞かれましたので、質問の意図が分からないまま、「四月一日から村長ではなくなりますので、日程はいくらでも空けられます」とお答えしました。

すると、三月十七日に改めて内閣府より電話があり、「陛下が村長を園遊会にお招きになります」とのことでした。これには私も即答できませんでした。もちろん陛下にお会いして、お礼を申し上げたいとは思いましたが、村民はまだ仮設住宅で、つらい暮らしを強いられているのに、私だけがそうした晴れがましい席に出ていいのだろうかと思ったのです。二、三日いろいろと考え、ともかくお礼だけはお伝えしなければと思い、「伺います」とお返事しました。

そのあと慌ててスーツを一着購入しました。女房は、どうにか残っていた着物を着て出席することにしました。当日、園遊会の会場に到着すると、必ず陛下がお声をかけるという席があり、私どもはそこに案内されました。そして「必ず○時にはここにいてください」といわれました。そこにはテレビなどでお顔を拝見したことのある女優さんや舞台監督さんなど、有名な方ばかりが並んでいました。

陛下が私の前に来られた時は、もうがちがちに緊張していました。女房から「絶対自分から話してはダメですよ。陛下から聞かれたことだけに答えるんですよ」と言われていたにもかかわらず、「山古志はどうですか？　みんなはどうですか？」とお声をかけられますと、「おかげさまで皆、仮設住宅に移って元気に暮らしております」とお話しし、思わず「牛も鯉も元気に

平成20年（2008）９月８日、復興状況視察で牛の角突きをご見学される天皇皇后両陛下

しております」と言ってしまいましたので、あとで女房に「聞かれたことだけ答えればよかったのに……」と言われました。そのあと、皇后陛下から「カレンダー、毎日見ておりますよ」と言われ、まるで村民全員へかけられたお言葉のようで、胸がいっぱいになりました。それからは毎年二本ずつ、両陛下へカレンダーをお送りしています。

平成二十年（二〇〇八）九月八日、「全国豊かな海づくり大会」のあと、山古志にお越しになった際は、ヘリコプターで上空から視察するのではなく、村内を直接お歩きいただくことができました。錦鯉の生産業者や、牛の角突きをご視察いただいたうえに、また歌を詠んでくださいました。

天皇陛下　中越地震被災地を訪れて

なゐにより
避難せし牛　もどり来て
角突きの技　見るはうれしき
（なゐ＝地震のこと）

皇后陛下　旧山古志村を訪ねて

かの禍《まが》ゆ
四年《よもせ》を経たる　山古志に
牛らは直く　角を合はせる

地震から五年を経た、平成二十一年（二〇〇九）十月十一日、闘牛場が改修され、その場内にこのお歌を刻んだ御製・御歌碑を建立させていただきました。

絆を深めた仮設での暮らし

地震が起こった時、長男は二十三歳の大学生でした。次男は高校生、娘は二十六歳で、うちの手伝いや畑の手伝いなどをしていました。仮設住宅は五人家族で、四畳半、六畳、四畳半です。一つは茶の間、一つは男性陣三人、一つは女性陣二人と部屋を住み分けていました。

仮設住宅での三年二ヶ月の暮らしを今振り返ると、生涯で子どもたちとあれほどまでに向き合える時間はなかったと思えるほど、ある意味、濃密な時間であったかと思います。今は息子夫婦と同居し、コミュニケーションがうまく取れているのも、また、娘とよく話ができることも、あの時、狭い仮設住宅で身近に会話をしていたお陰かと感謝をしています。

山古志の仮設住宅に限らず、被災地における仮設住宅での暮らしを、多くの方は辛いと思って接するのではないでしょうか。確かに辛いこともありますが、辛いことばかりではなく、実はいいこともあります。田舎では、どの家も広く、部屋数もたくさんあるため、どの家の子どもたちもある程度の年齢になると、ひと部屋を勉強部屋として与えられ、一緒にご飯を食べる時以外、たとえばテレビを見るのも別にしている家が多いように見受けられます。

ですが、仮設住宅はスペースが制限されますから、やむを得ず、ご飯を食べたり、テレビを見たりすることも全員同じ部屋ということになります。一緒にいる時間が多くなれば、良いことも悪いことも、何でも話すようになります。隣近所の距離も縮まりますから、近隣のコミュニケーションも濃くなり、「おたがいさま」という気持ちを持つようになります。

震災は誰のせいでもないところで発生しているので、その時その時を、どう前向きに生きていくかということも、大変大事なことなのだと思います。


「仮説暮らし」という言葉から、どんなことを連想しますかと尋ねますと、みなさん「狭い」「壁が薄いから隣の音が聞こえる」「結露がする」など、マイナス面をおっしゃることが多いです。確かに、マスコミも同じようなことを言います。そこで、ある記者が私に仮設での生活について尋ねてきた時、私は山古志の村民が生活している避難所では、村民への聞き方を変えてくれないかと頼んだことがあります。

「狭いでしょう?」と尋ねられれば、村民は必ず「狭い」と言うはずです。「寒いでしょう?」と聞けば必ず「寒い」と答えるはずです。ですから、うちの村民に対しては、「『仮設暮らしはどうですか?』と聞いて下さい」と言ったのです。おそらく、「何も無くしてしまったのに、こうやって暖かくて住める場所を用意してもらって、感謝しています」と、大概の人はそう答えるだろうからと話したのです。

取材を終え、その記者が私のところに来て、「村長、なんで分かったんですか?」と言うので、「俺も仮設に住んでいるから、だいたい分かるんだよ」と答えたのですが、マスコミの皆さ

平成16年（2004）12月より、仮設住宅への入居開始

んの聞き方ひとつで、被災者は気持ちを高めることもできるし、気持ちが萎えることもあるのです。当時、私はマスコミの方に、少しでも被災者の気持ちに寄り添ったかたちで接してもらいたいとの思いでいっぱいだったのです。

家のまばらな集落に住んでいると、おじいちゃん、おばあちゃんたち同士も、行ったり来たりして話す機会が、そう多くはありません。しかし仮設住宅では、玄関を開けるとすぐ隣の家があるわけですから、ちょっと足が悪くなったり、腰が痛くなったりしても、おかずを多く作ったからと、持っていくのが億劫ではなくなります。玄関を開ければすぐ、「どうぞ」となります。

仮設で暮らすことで、お茶を飲んだり、談笑したりするような近所づきあいや、コミュニティが見事に蘇りました。すると、それまでとは異なり「うちの息子は今、埼玉に行っているんだ」という具合に、お互いにいろいろと話ができて、親しみがわくようになる。それは、災害に限らず、何かがあった時の地域力につながっていくのだと思います。

山古志は、過疎になりつつあった村です。高齢者の割合が圧倒的に高く、仮設に移った時は、この先どうなるかと危惧しましたが、隣に人がいるという生活に慣れ、また隣に人がいるということが、安心につながるということを理解してもらえて、正直、ほっとした部分がありました。いただき物をしたら、おすそ分けをするような環境が自然にできあがれば、人と人の距離は近くなり、心も近くなるものです。

「私は絶対に生まれた家に帰りたい」と言っていた六十過ぎの男性がいました。ある晩、「ちょっと、ちょっと」と呼び止められ、玄関先で車座で飲んでいた中に座らせてもらったことがあります。そして、「今だから言うけれど、生まれた家じゃなくても、村長が言っていたように、その近くに集団移転してもいいぞ」と話し始めたのです。そして「村長、仮設はいいぞ。距離が近くなったら心まで近くなった気がする」と言うではありませんか。私は慌てて家に戻り、集団移転先の図面を引き直したのは言うまでもありません。

この男性の住まいだった「楢木《ならのき》集落」は、山古志の中央部、ちょうど周りを山に囲まれたす

天空の郷から一望する旧楢木「ムーミン谷」

り鉢状の土地にありました。谷底ではありましたが、豊かな森の中にある集落は、夜ともなると、民家からもれる灯りが幻想的に辺りを照らす様子から、『ムーミン谷』と呼ぶ人がいるほどでした。ここは震災当日、二名の死者が出た集落です。亡くなった方は、肉牛の生産者で、牛に夕方の餌を与えていた最中、畜舎が倒壊し、下敷きになりました。集落内の二十九戸の住宅は、全戸全壊判定を受け、村の中でも被害の最も大きな集落でした。山古志の集落のほとんどは、元の場所を造成し直し、補修工事をして、再び住むことができたのですが、この楢木集落は、地すべりのために山肌が削れ、滑り落ちた土砂が村の緑を覆うように積もり、景色は一変してしまいました。別の場所に移転するかどうか、住民主体による懇談会を設置し、移転までの二年半に、計二十四回の会議を開催して話し合いをしました。移転先は、標高三百メートルの高台にある旧池谷小学校の跡地です。

集落の住民数は半分以下に減りましたが、話し合いの結果、力を合わせて頑張ろうという気持ちが起こり、団結力も強く、まとまりのある集落となって移転に至りました。「天空の郷」という名前は集落に住む村民たちが、自分たちで付けたものです。

災害は悲しく辛い思いばかりがあるように思われますが、私は、災害から教わることもたくさんあると思っています。そのひとつが、仮設暮らしから教えられた近くに人がいるという安心感です。ペコリでもニコリでも構わない、周りの人と挨拶をするきっかけがあれば、近所付き合いが希薄と言われる都会も、もっと住み良いところになり、災害の時など、お互いに声をかけあい、助け合う関係が生まれるのだと思います。

帰村を決断した村民の思い

十一月三日、避難所を回っている時に、私は、「山古志へ帰ろう」という話をしました。「みんなで帰ろう」と。それだけしか話はしませんでした。一方、政府から「どれくらいの人が帰りますか」と質問が寄せられたので、「一〇〇%の人が帰れる環境をつくるんだ」、「判断をする

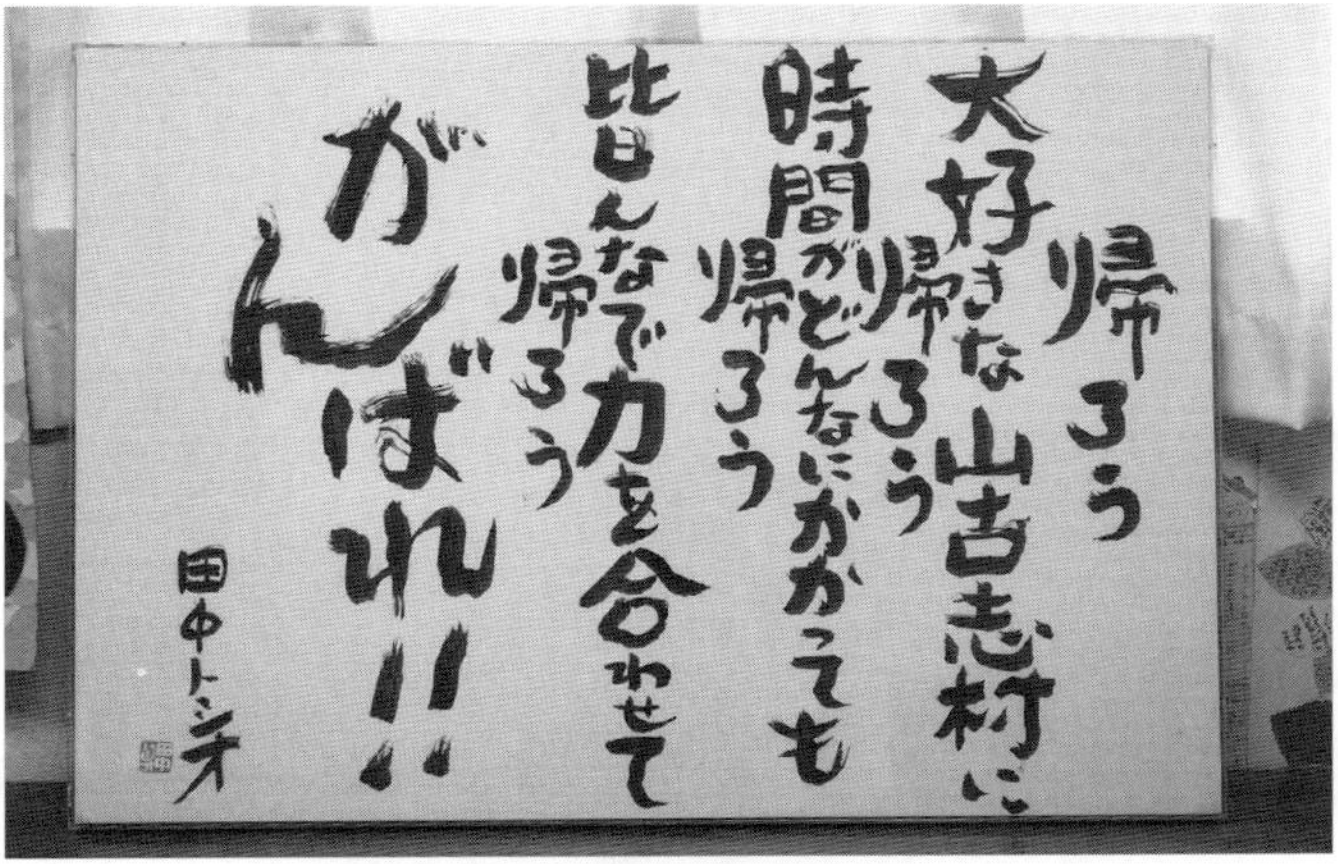
帰ろう
大好きな山古志村に
帰ろう
時間がどんなにかかっても
帰ろう
皆んなで力を合わせて
帰ろう
がんばれ!!
田中トシオ
村民の支えとなった田中トシオさんのメッセージ

のはそれぞれの被災者であって、一〇〇%の人が帰る環境をつくるのが私の仕事だ」とはっきりと伝えました。

　とはいえ、政府としても、どれくらいの人が帰りたいと思っているのか、それを明確な数字として必要としているということから、村民にアンケートをとることになりました。今でもはっきりと覚えていますが、九四・七%の村民が、「山古志に帰ろう」と答えてくれました。このアンケートの結果は、私にとって、とても大きな力と励み、そして復興を後押しする力になりました。

　ある意味この時が、どんなかたちであれ、みんなで大切に守り続けてきた地域やふるさと、そして家族を、いかに取り戻していくかという思いを共有できた時であり、まさに復興に向けての真のスタートだったのかなという気がします。

私の知り合いに、理容師の世界チャンピオンであり、画家でもある田中トシオさんがいます。この時私は、彼に「帰ろうよ山古志に」の文字を、大きな紙に書いてもらうことにしました。そしてなかなか事が進まなかったり、悩み事が出きたりすると、何万回とその文字を見上げ、自分の気持ちを奮い立たせました。

避難所生活での私の毎日の仕事は、私も職員も初めての体験ですから、迷うことがたくさんありました。だからといって一分判断が遅れれば、結果が一ヶ月遅れるくらいの気持ちを持って、今は仕事と向き合わなければいけない状況にあるのだという話を、職員に向けて何度も何度もしました。

「村民のほうを向いて決断しなければならないことは、全部私がする。とにかく決断を遅らせるな」と。「やれることは、早くやれ」とも話しました。そういう意味では、うちの職員はとてもよくやってくれたと思います。普段であれば、ハンコをいっぱい並べてから始めるため、何事にも時間が必要です。ですが災害の時は、自分の村に住んでいる人のために思ってやることについては、「責任は私が全部とるから、とにかくすぐにやれ」と言い続けていました。

スピード優先の仕事でしたから、今思い返すと、失敗もたくさんありました。たとえば、子どもたちのことが挙げられます。私は、とにかく子どもたちが授業を受けられる環境を早く取り戻してあげたい、それもバラバラにいろいろな学校で学ぶのではなく、先生と子どもたち、子どもたちと子どもたち、親と子どもたちを離すことなく学べる環境がつくれないかと、長岡市に相談し、山古志としてそっくり間借りできるような学校を探していただきました。さらに併設で構わないので、その学校には「山古志中学校」「山古志小学校」と掲げて欲しいとお願いをしたのです。十一月八日、長岡市の南中学校と阪之上小学校の教室に、少し余裕があるというので、そこをお借りして、授業が再開できるようになりました。学ぶ環境が整ったことから、私は、子どもたちはこれで大丈夫だなと思いました。

ところが、学校再開とは裏腹に、子どもたちの表情や態度が、日に日に暗くなっていくではありませんか。なぜだろう……と思いながら、各避難所をまわり、子どもたちや御両親に声をかけていったところ、どうもこんなことが判ってきました。

自分たちは「学校に行け」「勉強してね」と言われるだけで、学校から避難所に帰ると、親や近所の人は、「ああだ、こうだ」「これじゃダメだ」と話し合っている。自分たちには何も教えてもらえない。つまり、家族の一員としても社会の一員としても、なんとなく仲間に入れてもらっていないという寂しさを子どもたちは感じ、それが態度に出ていたのです。

私は、子どもたちのためにも、あの村の悲しい状況は見せないほうがいい、見せたら子どもたちの心は壊れてしまうと思い、あえてそうしないようにしていました。けれど、こうした子どもたちの姿を目にしていると、私の考え方は少し間違えているのかもしれないと思うようになり、子どもたちに被災地の状況をその目で確認してもらうことにしたのです。

自衛隊にヘリコプターをお願いして被災地に向かい、山古志が、学校がどうなっているかを見てもらうことにしました。結局、子どもたちは、学校の中に入ることはできませんでしたが、ヘリコプターを降りて、校舎の前に立つことができました。

夕方、子どもたちが戻ってくる時間に、私もちょうどヘリのところに行くことができたのですが、子どもたちに声をかけられるような状況ではありませんでした。全員が泣いて帰ってきたからです。やはりこれで、子どもたちの心は壊れてしまった、見せてよかったのか、見せないほうがよかったのか。しかし、こうなった以上は、家族に抱きしめてもらう他に、できることはないだろうと思っていました。

二〜三日して、朝早く避難所に行った時、子どもたちに「おはよう」と声をかけてみました。すると、なんと「おはようございます！」と、とても大きく元気な声で返してくれた後に、「村長さん、頑張ってね」と言ってくれたのです。

子どもたちは、あの日、ヘリコプターから村の現状を目にしたけれど、希望を捨ててはいないのだと、私はその言葉を聞いて思いました。だから「頑張れ」と言ってくれた。震災以降、子どもたちのためを思い、子どもたちの心を傷つけまいとの思いでいっぱいでしたが、それは私の思いあがりだったのです。子どもというのは、実は、大事な大事な家族の一員であり、社会の一員であり、そして子どもの持つ力というのは、我々が考えている以上に大きなものだということを改めて感じさせられました。それ以来、私は「子どものために」と考えることはやめて、「子どもたちのおかげで」と認識をあらためることになりました。

災害に直面した全国の地域は、たとえば東日本大震災の被災地であっても同じだと思いますが、子どもたちの思い、子どもたちが持っている力というのは、計り知れない大きなものがあるのだと思います。

また、こんなこともありました。

私は、長岡にいる時は、だいたい夜中の三時か四時頃になるのですが、一日の最後の仕事として、各避難所をまわるようにしていました。そこには三つの目的がありました。

ひとつは、ごみ置き場を見ることです。これは私の持論ですが、被災者には甘えていい部分と甘えてはいけない部分があるはずです。そこで、ごみ置き場のごみの整理状況を見れば、自分でできることを他人に任せていないかどうかを見極めることができると思ったからです。

もうひとつは、高齢者の方が夜中にひとりでぽつんと起きている状況が生まれていないか確認することです。もしおじいちゃんやおばあちゃんがよく眠れず、ひとりで起きているような状況が起きていれば、早急に手を打たなければなりません。

最後は、私は毎日、八ヶ所すべての避難所へ行くことはできませんから、その日、どんなことがあり、村民がどんなことを考えたのかを知るために、各避難所に一冊のノートを置いていました。いわゆる温泉地や地方の駅に置いてあるような、メッセージを書くノートです。私はこのノートには必ず目を通し、翌朝までに返事を書くことを、長岡にいる間はずっと自身に課していました。

そのノートのやりとりを始めて三週間くらいした頃でしょうか。ある避難所のノートに、「何の目標も示さないで、何を頑張ればいいんだよ、バカ村長」と書いてあったのです。それを読んで、まったくそのとおりだと思いました。被災して三週間。たった三週間で次の目標を示すということは非常に困難なことですが、私はそれをしなければいけないと分かってはいたものの、村民に次に目指すべき姿を示すことができずにいたのです。

被災者にとっては、いつ、どんな形で、どういうことをしていくのかという目標が示されることは、将来に向けての大きな希望につながります。その時まで、私は「できるだけ早く」という言葉は使っていましたが、「いつ」「どんな形で」といった具体的なことを言うことはありませんでした。私はこのノートで「バカ村長」と言われたことで、頭をバシッと叩かれ、「しっかりしろよ」と村民から叱咤されていると感じ、これまでの自分の仕事や言動を客観的に振り返ることができたと思っています。

翌日、さっそく各避難所をまわり、「山古志村はできるだけ早急に、『いつ』『どんな形で』みんなが生活を再建できるかを具体的に示します。まずは、そのための復旧復興計画をまとめます。ですから、それまでは仮設住宅に移って、家族と過ごして欲しい」といった話をしました。

被災者にとって復興というのは、早い遅いという時間の問題ではありません。いつ、どんな形で家族と一緒に暮らせるのか、家族で仕事はできるのか、そして以前と同じ日常を取り戻せるのかという具体的な目標を示すことが、大きな希望であり、復興につながるのです。

中越地震の後、私はいくつもの被災地に足を運びました。ですが私はそこで、「頑張る」や「頑張れ」と言ったことはありません。目標を示さないままに「頑張れ」と言われることほど、被災者にとって酷なことはないということを、「バカ村長」とノートに書いた村民が、私に教えてくれたからです。

帰村に向けて奔走

まずは目標を定めるため、幹部職員との会議が必要となりますが、日中は外部とのさまざまなやりとりに時間が割かれるため、会議を昼間に行うことはまず不可能で、ほとんど夜中に集まり、いろいろな人から話を聞いて、復興計画を立てていきました。実のところ、山古志の復興計画は、新潟県よりも早く、さらに各省庁より早くできあがりました。その背景には、四月に合併を控えていたことから、山古志が山古志村であるうちに、村の方向性をきちんと示したいという、村民に避難命令を出した私の思いが込められていたわけです。

帰村への復興計画は、十二月下旬に大枠をまとめあげ、翌年二月には国と交渉することになっていましたが、その実、課題が山積していました。そのひとつが、山の生活を取り戻すことに対する意義であり、それをどれだけ社会貢献につなげていくことができるのかということ。さらに大事なことは、「いつ帰れるのか」ということです。誰に聞いても七年かな、五年かな、人によっては十年かなと言う人もいました。

六十五歳以上の高齢者が全体の三四・六％を占めるこの村で、五年や十年もの長い間、仮設住宅で今のコミュニティを維持することは非常に難しいものです。五年でも難しいくらいですから、二年で帰して欲しい、二年で帰村できる方法を考えて欲しい、二年で仕事が終わるような方法を考えてもらいたいと、各省庁にお願いをして歩きました。

仮設住宅入居者数（最大時）

(H17.2現在)

集落名	世帯	人数
種苧原	156	481
虫　亀	117	367
池　谷	28	79
楢　木	27	99
竹　沢	66	229
間内平	23	81
菖　蒲	5	12
山　中	10	50
油　夫	19	65
桂　谷	32	101
梶　金	25	76
大久保	14	32
木　篭	18	45
小松倉	22	62
合　計	562	1,779

その結果、なんとか予算の見込みがたち、村民からの理解を得て、さらに工事の優先順位をつけることで、目の前に山積していた課題をなんとか解決できそうなところまできました。そのうえ、工期を二年にして欲しいと願い出ると、「できない約束をして誰が責任をとるんだ」と、各方面からずいぶんと責められました。しかし私は、○○が完成するまでといった目標ではなく、二年という時間的な目標を掲げない限り、限りなく二年に近づくことはないのだからと、二年という目標設定を理解してもらい、そこに向かって全員に走ってもらったのです。

多くの方々の協力とたゆまぬ努力により、早い人は一年十ヶ月で、遅い人で三年二ヶ月で自宅に帰ることができました。約一年半ほどの開きはありますが、二年という目標をみんなが共有してくれたおかげで、三年二ヶ月で全員が仮設住宅を出ることができたのです。

山古志の住民は、どちらかというと引っ込み思案で、自分から積極的に前に出ようとすることはありませんでしたが、村民の中に「今までと同じ村の生活を取り戻す」という意識が生まれると、それまでとは気持ちが大きく変わったのを感じました。それぞれが地域活動に参加し、他府県から来てくれる人たちと知り合っていくうちに、自分のことだけではなくて、地域のこと、他人についても考えや思いを巡らすように変わっていったのです。たとえば、自宅に帰ってくつろいでいる時、今までは自分や家族のことだけを考えていたのが、地域を通してこの集落をどうしていけばいいのかを考えるようになったり、そうした目線で物事を見たりできるように変わっていったのです。おそらく、どこの被災地でもそういった分岐点を迎えることがあると思いますが、まさに、ここが私たち、山古志に住む者にとっての大きな分岐点となったのです。

こうした分岐点で、町や村の職員が果たすべき役割というのは、いったいどういったものになるのか、私はきちんと話を聞いてあげることに尽きると思っています。そして、住民が本当に望んでいることを、しっかりと把握してあげることです。

こういった行為を「支援」というのかもしれませんが、支援という言葉にしてしまうと口幅ったいものです。シンプルに生活や仕事がスムーズに動ける環境をつくることであり、そのための道しるべになるのが職員の役割なのではないでしょうか。向かうべき道筋さえ示されれば、そのあとは住民が自分たちでやっていくことができます。動ける環境、下地をつくってあげるということが大事なのです。

最初から最後まで、すべてをお膳立てしてしまうと、行政が長期にわたり一〇〇%サポートし続けなくてはなりませんし、それはいくら被災地といっても、いつまでも続けられることではありません。環境が整いさえすれば、人はいくらでも自分の力で歩み始めることができます。その黒衣となるのが町や村の職員であるべきなのです。

信頼される黒衣となるべく、私は、役場の職員には「横断的に考えろよ」と常々言い続けてきました。「自分の部署のことだけに対応していては、縦割りになってしまう。それだけはやめよう。横とのつながり、横断的に物事を考えられるようになろう」と。たとえば、村民から受けた相談が他の課の問題であったとしても、受けた人間がその問題に対して、村民に応えてあげるということです。そうすることで、相談に訪れた村民と職員の間に信頼関係が生まれます。信頼関係を失くしたり、信頼関係のないところでは、どんなに素晴らしい政策であっても、誰も話を聞いてくれません。信頼関係を築くことこそが、復興におけるはじめの一歩になり、こうした関係を多くの村民と築くことができれば、役場が進めたい政策も聞いてもらえるようになるのです。話しやすい役場の環境をつくることは、復興へのスタートになるのです。

私は、今でも山古志に戻り、時間ができれば、役場の周辺をウロウロしていることが多いです。役職にはついていませんが、役場周辺にいると、私を見つけた職員が話しかけてきたり、役場に用事で訪れた村民と話しをすることができます。こういった風通しのよい、ざっくばらんな環境が根付いたのも、職員が横断的に考えて行動したことの結果なのではないでしょうか。

仮設から、いざ山古志へ

私が住んでいる集落、虫亀は、被災の状況から考えて、一番か二番目に早く帰村できる集落だと思っていました。ですが、私は一番被害が重い集落の仲間に入れてもらうことにしたのです。リーダーは、真っ先に戻ってみんなを引っ張らなければならないという人もいますが、反対にその場にとどまって、最後まで見届けるべきだという人もいます。私は後者のほうを選びました。最後に仮設住宅を出る人は、みんなを見送り、取り残されていく思いが強くなって、おそらく一番辛くなるだろうから、その役割は私が担うべきだと、最後に仮設住宅を出ることに決めたのです。

この決断は、うちの女房にはまったく相談していませんでしたから、ある日、

「お父さん、楢木の仮設に入るんだって?」

「おおそうだよ。なんで?」

「虫亀の人とは一緒じゃないなって」

「おう、楢木に入ることに決めたから。お前らそのつもりで」

「じゃあお父さん、近所で畑をつくったりするけど、それでいい?」

「おう、俺に構わずどんどんやれ」

と。

私が山古志に戻った時、女房は家のまわりに畑をいっぱいつくって迎えてくれました。「早く一緒に帰ろう」と言う女房でなかったから、私は自分の考える道を進むことができた。そのこ

とは、今振り返っても感謝しています。

少し私の家族の話をしますと、ある時、娘から嫁にいきたいという話がありました。私も女房も、もともと子どものすることに、いいとか、だめとか言わないほうでしたので、「分かった、嫁に行くのはいいだろう。ただし条件がある。今は仮設住宅での暮らしだけれど、俺は山古志のうちからお前を嫁に出したかった。だから嫁に行くその日だけでいいから、山古志の家で支度をして出て欲しい」と、そう言いました。

私の家は二棟あって、どちらも震災で傾いていましたが、子どもたちのために増築した一棟はどうにか建っていましたので、その日だけ村に入る許可をもらい、仏壇はすでに仏壇屋さんに預けてありましたが、娘は仏壇のあったところと神棚にお参りをして、嫁にいきました。そして仮設を出る前年、平成十八年（二〇〇六）の十二月二十三日に、私にとっての初孫が産まれました。折しもこの日は天皇誕生日で、これもまた良きご縁だと思っています。

続いて長男も、仮設暮らしの最後の年、平成十九年（二〇〇七）に結婚いたしました。私はその年の大晦日に仮設住宅を出ることになるのですが、その三日前、二十七日には二人目となる孫が生まれました。この孫は、病院からそのままお嫁さんの実家に戻りましたので、仮設では暮らしていませんが、孫二人は、私が仮設住まいの時に生まれたということになります。

平成十九年（二〇〇七）の十二月も十日を過ぎると、ほとんどの村民が帰村し、仮設には五軒くらいしか人が残っておらず、十二月二十一日には閉村式も執り行いました。

晦日の三十日に、女房とふたりで「今年中には山古志には帰れないかもしれないなあ」と話していました。その夜遅く、午後十時頃だったでしょうか、仮設を見回っていると、最後の一軒になった家の人が、荷物を車の中に積んでいるのに出くわしました。

「どうしたの？」と聞くと、「村長、これから私たちは山古志に帰りますから」と。「おう。でもこんな時間からで大丈夫なんかい？」と言っても、「大丈夫です。帰ります」「大丈夫だから心配しないでください」と言って、その言葉どおり、本当にその夜のうちに山古志へと帰っていきました。そこで、私は子どもたちに慌てて電話をして、「明日帰るから」と言ったのです。

大晦日は雪が降り始めていました。女房とふたり、一日で荷物をまとめるのはなかなか大変でしたが、軽トラックで何回も往復し、無事に帰ることができました。自宅はまだ再建できていませんでしたが、増築した部分はどうにか住めるような状態でした。

こうして大晦日の夜中までかかり、私は全村民の一番最後、平成十九年（二〇〇七）十二月三十一日に仮設を後にしました。その年は、『紅白歌合戦』も見ていませんし、除夜の鐘も聞いていません。気がついたら、日付変更線をまたぎ、新しい年を迎えていました。

明けて平成二十年（二〇〇八）のお正月は、震災以降、三年二ヶ月飲んでいなかったお酒を女房がつけてくれました。小さいお猪口一杯ですぐ酔っ払ってしまいましたが、私は自分自身のけじめとして、全員が仮設住宅を出るまでは酒を止めようと思い、この三年あまり飲んでいませんでした。誰に言ったわけでもありません。願掛けに似たような、自分の中の小さな約束でしたが、この小さな約束を守れないようでは、大きな約束も守れないという信念がその根底にあったのです。

三年二ヶ月後に村に戻った時、ライフラインに関わるものがすべて完成していたわけではなく、唯一完成していたのが幹線道路でした。他の道路については、とりあえず工事ができる道路は先に仮道路をつくっていたので、なんとか村で生活をするには不自由なくできるようになっていました。

三十年ぐらい前の山古志村の道路は、この時の仮の道路よりも状態は悪い道路でしたから、仮道路も特に苦にはなりませんでした。側溝ができて、アスファルト舗装ができてと、完全な道路の完成をめざし、それがないと生活できないという発想をしてしまうと、なかなか復興というものは進みません。とにかく車が通れる環境をつくり、最低限の安全が確保できるのであれば、業者も住民も、その道路を使って、ふるさとに帰るべきだというのが私の持論です。

被災地から住民を長い間離していることが、故郷にとってプラスになるとは思いません。傷が完全に治りきっていなくても、できるだけ早く、故郷である被災地に立ってもらえるように環境を整えることが、自治体が最優先すべきことだと思っています。

当時の私は、おそらく、日本一法律を知らず、日本一仕事をしなかった村長ではなかったでしょうか。あまりにも私がだらしないため、まわりにいる人々が、村長に任せてばかりいてはダメだ、自分でやらなきゃいけないと思い、それがみんなの自立を早くしたんだと思っています。

当時、村長であった私は、この永田町あたりを歩いていました。首長さんの多くは、大臣や局長といった上層の役人のもとに陳情に行きます。私はそうした所へは行かず、実際に仕事をやってくれる、直接の担当者のところから交渉を始めました。担当になった人が〝思い〟を共有してくれれば、それは大きな、とても大きな力になるわけですから、一緒に山古志を取り戻してくれる〝思い〟を共有してもらいたいと考えていたからです。

山古志は狭い村でしたが、地域によって生業とするものから物事の考え方まで、いろいろと異なります。住んでいる人、住む場所によって、残念なことではありますが、経済状態も含めていろいろと異なるわけですから、そのひとつひとつの地域に向き合った災害対応を考える必要があります。災害からもとの集落を取り戻した時、村民の間に大きな開きをつくることなく、最低限、そこで生業ができること、家族で暮らす環境を整えるということが、山古志を含めた中山間地域の、災害に対する姿勢だと思っています。

私は復興計画の中に、「故郷は住むだけの場所ではない。生きるためのすべてがある場所だ。だから故郷に帰るんだ」といった一文を盛り込みました。山古志のような中山間地域は、復興再建によって新しい人口を獲得することは非常に困難ですから、ここではあえて、交流人口の増加を目標に定めました。人口は震災によって確かに減りましたが、将来、この震災を経験した子どもたちは、必ずや山古志に帰ってくる。都会や他の地域へ行ってしまった人たちが、必ずや帰ってくる。「山古志村」はなくなっても、山古志は彼らを迎え入れるために、存続すべきであり、そのためであれば、住人の数は増えなくても、訪れる人が増えることで、山古志は将来に向けて存続できるはずだと考えたのです。

私の集落では、ここ一年で三世帯の人が戻ってきました。震災の中で考えた山古志、それからのことで考えた山古志、それ以前のことで考えた山古志の中で、家族というもの、地域というものをどう考えていくかということを見つめたうえで、私が出した結論ともいえる復興計画が、間違いではなかったのだ、計画に対する答えが今、出ているようで、非常にありがたく、感謝の思いです。

第三章　復興への思い

平成十七（二〇〇五）年九月、長島忠美は、自由民主党から第四十四回衆議院議員選挙に出馬、初当選を果たした。出馬の経緯については、すでに語られている通りである。山古志の住民の中には、長島が国政に軸足を移すことにさまざまな意見があった。しかし、大方はその決断を後押しした。

山古志村長から国会議員へ

山古志村は、平成十七年（二〇〇五）四月一日付けで長岡市に編入合併されました。村をなくすという決断は、村長として非常に大きな決断でした。過疎といわれるこの村をこのまま維持していくには、そこに住む人々に大きな負担を強いることにもなります。山古志村という名前はなくなりますが、山古志で人の営みを将来にわたって続けていくために、合併という決断をしたのです。

私は、あの甚大な地震災害があったからではなく、合併によって山古志が長岡市の一部となり、村長としての役目を終えた暁には、政治の仕事からは身を引こうと思っていました。山古志でつくる野菜やお米を、より多くの人に食べてもらい、今まで以上に山古志を知ってもらいたい、山古志の本物をより多くの人に分かってもらえるようなことをしてみたいと思っていたのです。

平成十六年（二〇〇四）十月二十三日の地震で、その夢を実現する機会は遠のきました。ですが、村長や政治家でなくとも災害の先頭に立つことはできます。また、立ち続けられると思っていましたので、その時はきっぱりと辞める決心でいたのです。ですから、前の長岡市長である森民夫氏から、長岡市で復興の仕事をして欲しいと依頼を受けた際も、村民のほとんどが仮設住宅にいるのに、私だけ長岡市で仕事をするわけにはいかない。仮設住宅から自分で発信できることはたくさんあるはずだと思い、ずっとそのお話はお断りしていました。

翌年の三月に入り、少しずつですが復興の状況が見え始めると、やはり復興には行政の力がなければ、できることもできないと感じることが多々ありました。それで、周囲の方と相談して、長岡市で復興管理監として、復興の仕事をさせていただくことにしました。そうなると長岡市の職員になるわけですから、山古志のことばかり考えているわけにはいきませんが、そうした立場の中にあっても、復興の中にいることで、私なりにできることはあると思ったわけです。その当時は、国会議員になろうとも、またなれるとも一度も思ったことはありませんでしたし、考えたこともありませんでした。

一日も早く、山古志を含め、被災した地域の復興事業を軌道に乗せようと奮闘していた八月八日、小泉内閣が突如、衆議院を解散しました。俗に言う「郵政解散」です。ここで解散されては、選挙による政治的空白が生まれ、我々の復興事業はどうなるのだという思いでいたところろ、なんと翌日から私宛に衆議院議員選挙への出馬要請の電話がかかってくるようになったのです。被災者を置いたまま、私だけが東京に行くなんて考えられるものではない。しかも、私には復興管理監という仕事もありますから、電話がかかってくるたびに、そのつどお断りしていました。今思い返してみても、本当に熱心に電話をいただきました。

断っても、断っても、電話がかかってきます。電話口でお断りばかりしているのも失礼だと思っていた矢先、千葉にある女房の実家の法事で上京する機会がありましたので、八月十六日、自民党本部に立ち寄り、「本当に、私のような者にお声がけいただき、ありがとうございます。私は村長としての器でしかありませんので、この話はなかったことにしていただきたいのです。このようにお声がけいただきましたこと、私の生涯の宝としてこれからも頑張りますので、どうぞよろしくお願いいたします」と、正式にお断りをさせていただきました。これで全部終わったと思っていたら、なんとその後も、手を替え品を替え、電話がかかってくるではありませんか。私としては、被災者の近くで復興の力になりたい、地元を離れたくないという思いでいっぱいだったのですが、党本部からの「中越地震の復興のため、また復興を加速するために、ぜひ、力を貸してもらいたい」という熱心なお声がけに、心を動かされました。

東京に軸足を置くことになれば、もしかすると、村を捨てたと言われるのではないかとの思いが、心のどこかにありました。けれど、もしここで国会議員として、国政の場で働くことができるのであれば、そのチャンスを利用して、国政の場から山古志を震災復興のモデルにしたい、同時にこの災害を通して、山古志のような中山間地域の将来や防災について考え、それを実現させることも必要なのではと腹をくくり、国会議員として国政に参画させていただく決心をしました。

自分たちで復興のシナリオを描く

日本では、自然災害が毎年のように起こっています。地震が多い背景には、日本列島がプレート境界の上に形成されているため、地震や火山活動が活発なことがあげられます。

山古志を襲った中越地震以降の大きな地震災害は、なんといっても東日本大震災でしょう。私は、震災後の平成二十四年（二〇一二）十二月から農林水産・復興大臣政務官、平成二十六年（二〇一四）九月から復興副大臣として、復興に携わらせていただきました。復興副大臣職を退いた今でも、地震に限らず、災害が起こると現地に足を運んでいます。復興を知るひとりとして、また手助けをする立場として、現場で見て感じたことをお伝えしたいと思います。

東日本大震災で、地震と津波による被害を受けた岩手県、宮城県のインフラは、平成三十年度には、ほぼ整備が完了する予定です。その意味するところは、災害によるがれきの撤去や処分、海岸の復旧、国道の開通、災害公営住宅など、もとの生活に向けた復旧整備が整うということです。こうした状況を目前にして、私が被災地の市町村に伝えたいのは、たとえば新しく整備された道を使ってどうしていくのか。誰に通って来てもらうのか、この道を使って何を売っていくのかということです。復興整備により新しい道路が開通する、そこに魂を入れるのは皆さんであり、皆さん自身で魂をこめていかなければいけないということなのです。

国は、災害に対して復旧、復興の義務がありますが、整備されたものにまで義務はありません。できた道を使って、「これを売ってあげましょう」というシナリオは成り立ちませんし、期待しないほうがいい。シナリオは、自分たちで生み出す必要があり、今、生み出す段階に来ているのです。

では、どのようなシナリオが必要なのでしょうか？

私が山古志の人々に言い続けてきたのは、「地震ということで支援を受け、飯が食えるのは十年だよ。十年から先は、本当にみんなが自分たちで本物をつくらない限り、また本物でいない限り、誰も評価してくれなくなる。今こそ、自分たちが本物の百姓に、本物の闘牛や錦鯉の生産者にならない限り、絶対に生き残ってはいけないんだぞ」ということです。

地震の被害や、その後の復興への道のりを後世に伝えることは大切です。ですが、そればかりにとらわれていてはいけないのです。自分たちの住んでいたところの良さ、本当の良さとは何なのか、ということをいかに伝えるのか――そのために災害から復興するということが、非常に大事になるわけです。ふるさとの良さを伝えたい、私はその思いを持って、一国会議員ではなく、一被災者の立場として、今も災害の現場をまわっています。

災害が起こると、義援金をもらったり、支援の手を差し伸べてもらったりします。義援金は、私も実際にいただき、確かに助かりました。ですが、それは本当に再建するまでのつなぎであって、それがずっと一生涯続くわけではありません。どんなに甚大な災害であっても、支援が永久に続くことは有り得ない。だとすれば、その支援の手を借りながら、自分たちの足で立ち上がるための努力を、考えなければならないということなのです。

地元に誇りを持つ

災害が節目を迎えると、「復興の目標は？　目的は？」と問われることがあります。町が再生した時、住宅が再建した時と、人によって答えは違ってくるでしょうし、この質問に明確に答えるのは難しいと思います。ですが、私は復興における一番大きな目標は、自立すること、自らの手と足で町をつくるというラインに立った時が、復興だと思っています。そしてそれは、国民それぞれが自立し、自分なりに、社会の中で役割を果たすことが、幸せだと思える社会へとつながっていくのだと思っています。

そのためには、自分たちの住んでいる町への誇りと、故郷を取り戻す気力を持たなければ、どんなに手厚い支援があっても意味をなしません。自然災害は誰のせいでもない、だからといって一〇〇%待っているだけでは、思い通りのことはできません。自分自身も復興過程の中で、何かしらの役割を果たしていく。たとえばふるさとを守ろう、取り戻そうと、それぞれがスコップを手にすることで、ベクトルは定まり、その方向に向かって進み始めるわけです。

私は山古志の人々には、「今まであった村を取り戻すんじゃない。取り戻す以上は一〇〇が二〇〇になり、三〇〇になるような、可能性の持てるような環境にするんだ」と言い続けてきました。また、「地震は、村をつくり直す千載一遇のチャンスととらえよう」とも言ってきました。それは、いくら何でも不可能だろうと思う人がいるかもしれませんが、それぐらいの気持ちを持って、前に向かって進むことが大事なのだということです。

ただしこれは、目に見えるかたちの災害の場合に言えることだと思っています。東日本大震災の場合、私は五日後の三月十六日に、トラックに食べものや飲み物を積み込んで、現地に入りました。電気もつかない避難所で出会った人たちとは、今も交流があり、その後も何度も訪れています。しかし、同じ東北でも福島は違います。

山古志や、その後に起こった熊本地震では、被害の大きさが目に見えます。ですが、福島における東京電力の原発被害は、その様子が目に見えるわけではありません。目に見えない分、見えている被災地よりも、ずっと深刻な状況を抱えているのです。私は福島を訪れるたびに、津波で家がさらわれたわけでもなく、以前と変わらない風景が広がっているのに、自分たちの家には入れないというのは、本当に理解ができない、納得できないだろうと、とてもやりきれない思いにとらわれます。

たとえ地震で家が壊れても、時間は必要になるかもしれませんが、自分たちの頑張りや公的な支援で、いつか取り戻す方法を考え出すことができます。けれども福島は、一生懸命取り戻す方法を考えたとしても、目に見えないものに立ち向かっているため、取り戻すことができない。汚染されている状況が、もしこの目で確認でき、そこを除去すれば安心なんだと見ることができれば、もう少し違ってくるのかもしれませんが、現実は、目に見えるかたちで示されることはありません。こうした災害に対して、福島の人々は、どうしようもないというジレンマに苦しんでいます。そこが、これまでの自然災害とは異なるところであり、私もまだ、それに対して、どうすればいいのか方法を見出せずにいます。

東日本大震災発生から五年後の平成二十八年（二〇一六）四月十四日には熊本地震が起き、その後、熊本へ何度も足を運んでいます。被害の大きかった南阿蘇村や益城町、西原村は中山

阪神・淡路大震災被害概要

人的被害（単位：人）	死者数	行方不明者数	負傷者数
	6,434	3	43,792

住宅被害（単位：棟）	全壊	半壊	一部破壊
	104,906	144,274	390,506

道路等被害	道路	橋梁	河川	がけ崩れ
	7,245箇所	330箇所	774箇所	347箇所

公共施設等被害（ピーク時）	水道断水	ガス供給停止	停電	電話不通
	約130万戸	約86万戸	約260万戸	30万回線超

間地域と呼ばれ、環境が山古志に似ていると感じます。

熊本も、今は地震という名の下、ある程度の注目も浴びますし、ボランティアも大勢訪れてくれます。ですが、これがこの先ずっと続くかというと、決してそういう保障はないわけです。もともと人口が少なく、基礎的条件の厳しい地域ですから、このまま何もせず、国からの支援に頼るだけでは、おそらく人は減るばかりです。目先のことに惑わされず、五十年後、百年後を考えた時、自分たちの生まれ故郷が、地震の前と同じように残っていくには、何が必要なのか、そこを考える必要は大いにあると思います。

本物になれ

平成七年（一九九五）一月十七日に起こった阪

神大震災のように、市全体が壊滅するような災害と、山古志や東北、熊本のような災害の違いは何でしょうか？　神戸のように、都市で起こった災害は、被害は甚大であっても、それを克服するだけのエネルギーが、民間レベルで生まれやすい地域と言えます。人口の動きを見てみますと、神戸市の人口は、震災直前の平成七年（一九九五）一月一日現在で、百五十二万三百六十五人でした。震災後の同年十月一日は、百四十二万三千七百九十二人に減少しましたが、その後は徐々に増加し、平成十六年（二〇〇四）十一月には、百五十二万五百八十一人と、震災前の人口を上回りました。人口回復に、約十年の歳月を要してはいますが、被害を受けても新たな人の流入があり、新たな人々が町をつくり直す可能性のあるところが、神戸であったと言えるわけです。

ところが山古志を含め、熊本地震が起こった益城町や南阿蘇村は、いわゆる中山間地域、最近では基礎的条件の厳しい、維持の困難な集落とも言われるところです。こうした地域では、少子高齢化、人口減少（人口流出）、農地荒廃や集落機能低下といった様々な問題を抱えており、なかでも人口問題は、大きな課題です。村に住む人がいなくなれば、冠婚葬祭などの社会的共同生活の維持が困難となり、集落の存続さえ危ぶまれることになるからです。

農村地域から人がいなくなると、同じレベルまでに人を戻すのは非常に大変なことです。都市部であれば、なんとかなるこうした問題も、農村部では、見過ごすことはできない死活問題となります。では、どうすればよいのか？　私はこの問題を解決する道筋は、二点あると思っています。

ひとつは、もともと村や地域にあるコミュニティを分断させないことです。災害が起こると、被災した地域に戻れるまでの間、仮設住宅に住むことになります。仮設住宅というのは広くもありませんし、便利な場所に建てられるわけでもありません。部屋が狭い、隣近所の声が響いて、迷惑をかけるといった問題に対処するため、小さな子どもがいる若い世帯とお年寄りの世帯を分けたり、病院に近いところは高齢者の世帯だけにしたり、学校が近いところは子ども世帯だけを配置したりといった区分をしがちですが、こうした住み分けをしてはいけないと思うのです。

社会というのは、お年寄りから赤ちゃんまで、すべての世代が揃うことで成り立っています。誰ひとりとして、必要でない人はいません。赤ちゃんは、家族や地域の希望であり、これからの地域の夢を担う世代です。おじいちゃんやおばあちゃんは、これまでの経験や歴史、文化を後世に伝える役割を担っています。このように、それぞれの世代が揃っていることで、地域や社会は存続しうるわけです。

私は、どんなに大きな災害が起こっても、決して家族、そしてそこに住んでいる人々の地域

山古志産にいがた和牛の串焼き

伝統野菜のかぐら南蛮

のコミュニティを分断するようなことだけは、してはいけないと強く思っています。コミュニティごとに対応するというのは、行政にとって非常に手間のかかることですが、ここをおろそかにしないことで、中山間地域はこの先も残っていくことができるのです。

もうひとつは、自分たちの住んでいる村や地域に、誇りを持つということです。私は昔から、自分のところでつくっている米や野菜は、本物だと思っています。標高三〇〇〜四〇〇メートルの山間部に位置する山古志では、米は棚田でつくられます。地震によって、この棚田も大きな被害を受け、生産量は激減しましたが、農家の人々の努力により、生産量も回復に向かっています。

震災から約二年で水田と畑が再開。それから更に二年かかり、トータルで四、五年かかって、村の生産量は震災前と同じ状況に戻れたのではないかと思います。ただし、時間のかかるところもありましたし、場合によっては、復旧のできなかったところもあります。

また、山古志にはかぐら南蛮、糸うりといった伝統野菜があり、震災を経た今も受け継がれています。特に私は、肉厚で辛味のあるとうがらしの一種、かぐら南蛮が大好きで、これさえあればご飯が何杯でもおかわりできます。それくらい美味しく、山古志を代表する野菜だと思っています。

その地域、地方には、独自の野菜や文化があるはずです。山古志では、村の外から人がやってくると、お刺身などを買ってもてなそうとします。村の人にとって、自分たちが日頃から食べているものよりも、海の幸、お刺身は特別なものだからです。ですが、外からやってきた人にしてみると、こうした地方の野菜やお米こそが、自分たちの生活にはない、目新しいものなのであり、これこそが、私たちが誇るべきものなのだと思うのです。

中にいると見えないものでも、外から気づかされることはたくさんあります。私は山古志の人々に、「山古志は本物なんだ」と言い続けてきました。山古志で暮らしてきたこと、豪雪を克服してきたこと、伝統野菜、闘牛、錦鯉……これらすべてをひっくるめて、嘘偽りのない山古志、本物の山古志なのです。それを自分たちの故郷として、誇りを持って生きて欲しい。その誇りこそが、中越地震の大災害に負けることなく、村を取り戻し、復活させた原動力になったのではないかと思うのです。

熊本地震でも、特に南阿蘇村などは、山古志と環境がよく似ています。牛を飼っていて、畑や田んぼもある。まるで、自分たちの村を見ているかのようです。ですが、地震から一年が過ぎ始めると、節目以外に報道されることがなくなり、世間の関心も薄れてきます。そうした時、ここは地震があって大変なんだという悲惨な状況を伝えるのではなく、自分たちの地域はこんな魅力のあるところだ、だからこの地域を取り戻すのだという意識を、表に出していくことによって、外の人々もその魅力に気づき、人も集まってくるのではないかと思うのです。

復興の力となった闘牛

山古志を振り返ると、復興の力になったものとして、闘牛と錦鯉が挙げられます。山古志に古くから伝わる闘牛は、江戸時代に南魚沼郡塩沢の鈴木牧之が、山古志を訪れて闘牛を見学し、その様子をスケッチした『北越雪譜』から知られるようになりました。闘牛は、滝沢馬琴の『南総里見八犬伝』においても紹介されている、山古志の伝統文化です。

全国的に見ると、闘牛は、山古志のほかに、岩手県久慈市、愛媛県宇和島市、島根県隠岐の島、鹿児島県徳之島、沖縄県うるま市でも行われています。牛の角突き、牛相撲などと呼ばれ、

牛同士が一対一で勝負します。山古志の闘牛も牛同士で戦わせますが、勝敗はつけず、闘いぶりを楽しんでもらうというのが特徴です。山古志は山間部に位置していますから、牛は荷物を運んだり、田畑を耕したりする貴重な働き手です。家族であり、自分の子どもでもあるわけです。愛情を注いで育てた牛が、血を流すまで戦うのはかわいそうという思いが強く、他の闘牛とは異なり、勝負が決まる前に勢子が牛を引き離すのです。

中越地震では、こうした闘牛のための牛を飼育する牛舎のほとんどが倒壊し、残念なことにその牛の半数が下敷きになって死んでしまいました。そこに、全村避難の指示が出ましたので、飼い主たちは泣く泣く牛を残して、避難を余儀なくされました。残された牛のことが気がかり

震災で亡くなった闘牛を忘れないよう建立された「牛魂碑」

で、牛に餌を与えるために戻る飼い主もいました。私も生まれた時から村に住んでいますし、家でも牛を飼っていますから、牛が村の人にとってどれだけ大切なものかは痛いほど分かります。「牛を助けたい」という声はもちろん、「闘牛の伝統を守りたい」という声が、方々からあがっていたのも事実です。ですが、当時の状況は人が優先であり、牛や闘牛は、また山古志に帰れるようになってから考えればいいという意見が大勢でした。

まずは、自分たちの暮らしが先だというのはもっともな意見です。ですが、ここで自分たちの村の象徴である闘牛文化を失ってしまったら、取り戻すのにどれだけのエネルギーが必要になるのだろうかという思いもあり、どうしていくのか、その思いは常に揺れていました。そうこうしているうちに、闘牛に関わる人たちの間から「山古志でもう一度闘牛をやりたいんだ」という声が大きくなってきました。山古志は小さな村ですから、お金なんてありませんが、お金は後から何とかなるかもしれないけれど、家族同然の牛は今助けなければという思いに駆られ、残っている牛をヘリコプターで助け出してもらうことにしました。それが、あのヘリコプターによる牛の救出劇です。

思っていた以上に、お金はかかりました。ですが、助けてよかったと思っています。もしあの時、牛を助け出さなかったら、おそらく飼い主たちはもう、二度と牛を飼うことはなかったと思います。やはり牛は家族であり、希望であったわけです。その思いをつないでいくために、避難先の長岡市で闘牛をやろうという話になりました。山古志では、毎年五月に初場所を開いていましたから、その初場所を場所は違えども行うことで、闘牛文化をまた自分たちの中に取り戻そうという気運が、みんなの中で高まったのだと思います。仮設の闘牛場を大急ぎでつくり、地震から約半年後の翌年五月四日に、長岡で初場所を開きました。

助かった牛が約半数ですから、牛も満足ではありません。同じ闘牛でお付き合いのあった、鹿児島の徳之島から牛を融通してもらい、周囲の協力を得て開くことができました。先ほども申しましたが、山古志の闘牛は、闘いがメインではありません。去年より強くなったなというように、家族のように動物を大事にする目線を持った闘牛です。この文化が一度でも途切れてしまったら、やはり取り戻すには何十倍もの力が必要だったでしょう。震災後もこの文化を途切れさせることなく続けられたこと、またこうして今も続いていることに、感謝の思いでいっぱいです。

あの時ヘリコプターで避難した牛は、もうこの世にはいません。ですが、その思いは今も続いていて、もちろん闘牛文化も続いています。震災で、ボランティアやお見舞いで来てくださった方がファンになり、次第に人が増え、震災前に比べて、闘牛を見に訪れる観客数は、圧倒的に増えました。これこそが、私たちにとっての何物にも代えがたい、励みになっているのです。

人を呼び戻した錦鯉

錦鯉は、山古志の自然を利用して始まったものです。米づくりの一連の作業の中に、田んぼに水を張って、土をかき混ぜる代かきがあります。山古志の米づくりは棚田で行いますから、横井戸を掘って、山の地下水を田んぼへと取り入れます。雪解けの地下水はとても冷たいため、棚田の一番上に池をつくり、そこに一度水を溜めて、ぬるませることにしたのです。そして、その池で食用の鯉を飼い始めたのが、養鯉の始まりでした。

冬になると、雪が三メートルは積もる豪雪地帯の山古志では、冬の食料、特に動物性たんぱ

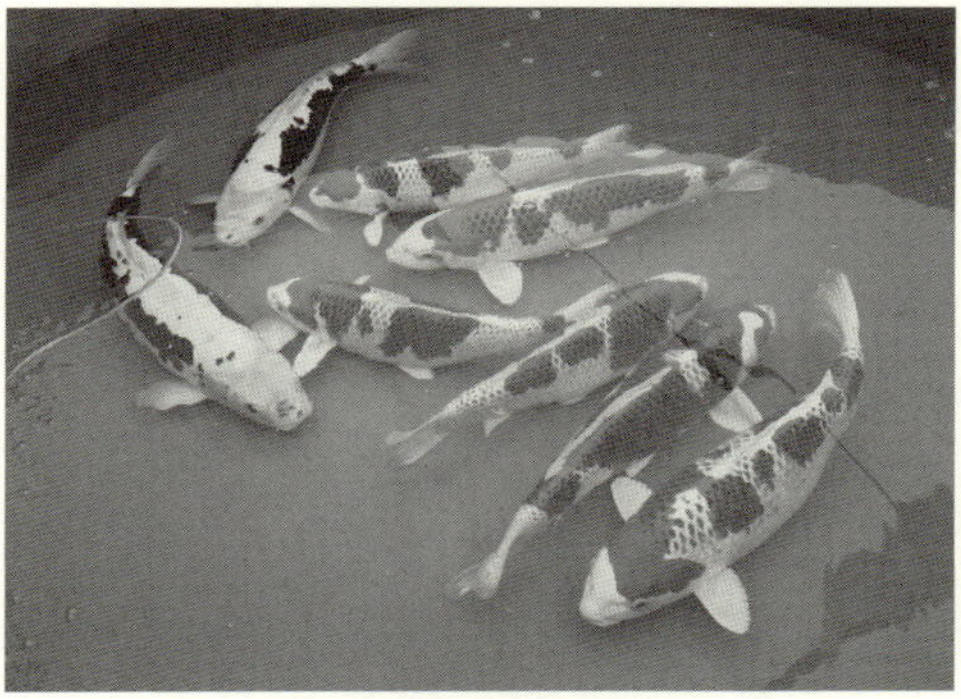

く質として、鯉は非常に重宝されました。その鯉が、ある日突然変異を起こし、真っ黒の鯉の中に、色の違う鯉や模様のある鯉が生まれました。これが錦鯉です。最初、錦鯉は村の中だけの娯楽でしたが、やがて他の地域の人々との物々交換に使われるようになったことから、より美しい色や姿になるように改良を重ね、現在では山古志を代表する産業にまで発展しました。

その錦鯉を養殖している養鯉池が、地震により甚大な被害を受けました。鯉は酸素と水がなければ生きていけません。電気が止まり、池の底が抜けて水が流れ出したため、鯉は危機的な状況に陥り、地震後はおよそ七割の錦鯉がいなくなりました。

闘牛と同じで、錦鯉を養殖している養鯉業の人にとっても、錦鯉は大切な財産です。野池の中には、鯉や親鯉が半分くらい残っていましたから、まずはそれを助け出そうということになり、闘牛と同じくヘリコプターで救出してもらいました。しかし、問題はそこからです。鯉を救出しても、放つための池がない。そこで、全国の養鯉業者の方に声をかけて、一時的に預かってもらうことにしたり、長岡市内で休耕になっている田んぼを借り受けて池になるように掘らせていただいて、そこへ鯉を放したりしました。親鯉の数も減ってしまっていましたから、この場合は、全国の錦鯉の愛好家の方々にお声をかけて、親鯉を融通してもらったり、共同で子取りをしたりするといったことをしました。

一方で、損壊した養鯉池の修復も始めなくてはいけません。全村民が避難した避難所生活では、その修復もままなりません。本来であれば、村に戻れるまでは仕事を休んでいてください、村に戻ったらまた仕事を再開してくださいと言いたいところです。ですが、どんな仕事も同じで、一度仕事を休んで間を空けると、なかなか復帰するのは難しいものですから、何とかして、春には仕事を再開させられるようにしなければと、その時は思っていました。

ですが、池の修復は自分たちの力だけで進められる程度のものではなく、行政、国の力が必要だということが分かってきました。ところが、国の災害復旧というのは、査定、入札を経てやっと動き出すもので、非常に時間がかかります。これでは到底、春には間に合わないと思い、私はそこで「手作り田直し事業」というものを取り入れることにしました。

これは、原形復旧を目的とするものではなく、崩れた地形を活かして、自分たちで再整備をするというものです。この事業の特長は、査定や入札は抜きで、自分たちで、土建業者や重機を取り扱う会社に仕事を依頼することができるため、より簡単に再整備に着手することができるところにあります。簡便ではありますが、修復後の養鯉池の写真を撮って修理費用の見積もりを出し、それに対し、復興基金が補助するという仕組みです。この事業を活用することで、養鯉業者の多くは、自分たちの手で業者を手配し、それぞれのスケジュールに合わせて修復を進めることができたのです。全部ではありませんが、幾つかは復旧が進み、養鯉をする環境を整えることができたことが、翌年の春からの生産再開の大きな一歩となりました。

闘牛の場合も然りですが、錦鯉の養鯉業も、震災前の生産量を一〇〇とすると、現在では輸出量も増えて、一〇〇を超えるまでになっています。私の知る限りでは、震災を理由に辞めた人はいないのではないでしょうか。震災という、予測もつかない自然災害がありました。ですが、どんな災害が起こっても、それまでの生業をいかに早く取り戻していけるかが、その地域のコミュニティ、住民の存続に大きく関係することだと思います。農家は農家の仕事に、漁業にたずさわる住民は漁業の現場に早く戻してあげる、たとえそれが完璧な状態でなくても、それぞれの生業を続けることが、復興の大きな鍵になるというのが、災害復旧における私の持論です。

問われる復興庁の役割

東日本大震災の復興を目的として、二〇一二年（平成二十四）に復興庁が創設されました。東日本大震災に関わる被害、津波による被害にとどまらず、東京電力福島第一原子力発電所事故による災害からの復興を加速させるために動いているわけですが、しかし昨今、復興庁は復興と向き合う姿勢から離れ、単に役所として、復興庁という仕事をするようになったように感じてなりません。被災者と復興庁との間に大きな溝ができ、さまざまな問題が生じるようになっているのではないでしょうか。

復興庁の存在は今、薄れつつあるように思いますし、復興庁はどうなっているんだ、復興庁は何をやっているんだというお声を耳にします。復興のノウハウが、すべて注ぎ込まれているのが復興庁です。ですが、東北でのあの地震の被害が、あまりにも大きかったために、東北の復興のみを司る省庁という位置付けになってしまい、今の復興庁はその名前にとらわれて、東日本大震災の復興にしか、目が向いていないように思えます。もしかすると、名称を復興庁ではなく、災害庁にしていれば、あらゆる災害に対応するスペシャリストになっていたかもしれません。二〇一六年（平成二十八）に熊本地震が起こった際も、本来であれば、災害に対するノウハウを持っている復興庁が旗振り役をすべきであり、もしそうしていれば、熊本地震後の対応も、今とは異なったものになっていたかもしれないと悔やまれます。

産業被害

(H17.6現在)

錦鯉	死亡約20万匹	野池120haが流出・埋没、越冬施設損壊80棟
畜産	死亡牛114頭 (内：闘牛31頭)	牛舎倒壊21棟

斜面崩壊等

(H16.11現在)

地すべり	329箇所、約300ha
河道閉塞による水没面積	約34ha

道路、農林業被害

(H16.11現在)

国県道	市道	農業施設	農地	林業
寸断25箇所 土砂崩壊135箇所	破損率 30〜100%	道路1,029箇所 水路460箇所 ため池194箇所	流出・埋没 525箇所(124ha)	林地28箇所 林道16箇所

日本において、これからも大なり小なり自然災害は起こるでしょう。その事前防災の意味も含めて、私は防災、災害を司る省庁は必要だと思っています。蓄積されたこれまでの復興のノウハウを今後に活かし、また後世にも残す必要があると思うからです。

私の経験に即して考えると、人それぞれ思いも考えも違いますから、それぞれの復旧・復興のかたちを考える必要があると思います。しかし、ひとりひとりに対応するための大枠として省庁があり、その下に入る市町村の職員が、被災者それぞれの思いと向き合っていくことで復興は進められるわけです。災害は誰のせいでもなく、平等に降り注ぎますが、被害においては重い人もいれば、軽い人もいる。重い地域もあれば、軽い地域もあるというように、違いが生じてきます。ここで、この違いを見て見ぬふりをしていると、必ずや被災者の思いにすれ違いが生じます。

災害に対する思いを共有すること、すなわち山古志であれば、一時帰宅で大人から子どもまで、被害の状況を目の当たりにすることで、また村に帰りたい、村に帰ってこれまでの生活を取り戻したい、という思いをひとつにすることが、大切であったわけです。思いがひとつになれば、それは大きな原動力となり、復興の力となるからです。

災害には、阪神・淡路大震災の神戸に見る都市型災害、新潟中越地震や熊本地震に見る中山間地域の災害、そして東日本大震災のような都市部と中山間地域が混在し、しかも圧倒的に多くの命が失われてしまった大規模災害といろいろなタイプがあります。ですから、私は被災者の思いも、それぞれ違っていて当然であると思います。

山古志の出身者であることもあり、震災の経験を話しに来てくださいと依頼されることがあります。そういうお声をかけていただくと、私は話しに行きます。ですが、そこで話すことは決して正解集ではありません。災害対応に方程式はありませんし、正解集もないと思っています。

ご存知のように、災害、防災のマニュアルはあります。ですが、これはマニュアル、参考書であって、どこの地域、場面においてもあてはまるものではないのです。それは、行政においても同じだと思います。マニュアルを手に、すべての災害に当てはめることには、非常に無理があります。これまでに起こった災害をもとに、それらを参考にしつつ、それぞれの地域における正解、それぞれの被災者の復興・復旧に向き合っていくことが、一番大事なことだと思っています。

外からのサポートが生み出すエネルギー

阪神・淡路大震災では、その被害の大きさから、被災者を支援するボランティア団体やＮＰ

〇が生まれ、震災が起こった平成七年（一九九五）は、のちに「ボランティア元年」と呼ばれるようになりました。阪神・淡路大震災では、延べ百六十七万人、平成十六年（二〇〇四）の新潟県中越地震では、延べ九万四千九百人、平成二十三年（二〇一一）の東日本大震災では、百三十八万千七百人のボランティアが、全国から駆けつけてくれました。

山古志にも当時、多くのボランティアが来てくれました。若い学生さんも大勢来てくれました。中には、綺麗なマニキュアをした女子学生さんもいました。山古志のお年寄りは概して恥ずかしがり屋です。昔は、子どももたくさんいましたが、みんな外に出てしまって、お年寄りばかりの村になり、若い人と接することに臆病になっていたのだと思います。そんな時に、震災ボランティアで若い学生さんが来ても、どうしていいのか分からない。でも、それは学生さんも同じだったようで、ボランティアに来た学生からは「何をしたらいいですか」と聞かれました。その時はいつも「とにかくそばにいて話を聞いてあげて欲しい」とお願いしました。夕方ごろに、学生がまた私のところにやって来て、「何も話してくれない」と言います。それでも「とにかく、話をしてくれるまでそばにいてあげて欲しい」とお願いしました。翌日の夕方でしたか、その学生が「話ができました！」と喜んで報告してくれたことがありました。

村のおじいちゃんもおばあちゃんも、実は若い人といろいろな話をすることは新鮮であり、また嬉しいことだったのです。でも、何を話したらいいんだろうという思いが先になって、話

ボランティアの協力で復活した種苧原（たねすはら）祭り

をすることに臆病になっていたようです。

私の母校、東洋大学の学生ボランティアは、震災直後だけでなく、今に至るまでずっと、年に四回は来てくれています。山古志には伝統のお祭りがあるのですが、住民が少なくなってくると、お祭り自体を維持するのが大変です。学生ボランティアのみなさんは、三月の火祭り、五月の連休、八月のお盆、十一月の産業祭りのお手伝いに来てくれています。来てもらう側としては助かっているのはもちろんですが、それ以上に、来てくれることをとても楽しみにしているのが、手に取るように分かります。

学生の中には、山古志でのボランティア経験が縁で、自分のふるさとに対する意識や気持ちが強くなる子どもたちもいますし、またふるさとに限らず、地方に対する思いを強くしてくれる子どもたちもいます。ふるさとや地方に対する思いというものは、人それぞれですから、こちらから押し付けるものではありません。押し付けたらそれは教育と同じで、拒否する人は拒否するわけですし、自分たちが興味を持てば長続きするはずです。ですから、知りたいと思った時に、私たちが答えてあげればいいというスタンスで、私はボランティアの方と接してきました。そうした中で、彼らは自分たちの意識の中にあった、地方やふるさとに対する思いを磨いていってくれているように思います。

一方で、山古志の人々にとって、最初はやってもらうばかりでいいのだろうかという葛藤や、被災者として、ボランティアをどう受け入れればいいのかという思いが、とても強かったように思います。被災者にとっては、何もお返しするものがありませんし、どうやっていいかも分からないという状態です。それは大きな被害を受けた東北も熊本も、これから先、ボランティアを受け入れるところは、みな同じ立場だと思います。けれども、そこが問題なのではありません。日本のどこで災害が起こったとしても、こうして駆けつけてくれる人たちがいるんだということ、その時は日本人で良かったと思い、その思いに甘えるのでいいのではないでしょうか。ただし、自分でできることまで甘えてはいけません。この線引きさえきちんとできていれば、よいのではないだろうかと思います。

甘える時には素直に甘え、ボランティアに来てくださった方へのお返しは、一日も早く元気になった姿を見せること。それが最大のお返しなのだと思います。そして、元気になったら、自分の畑でとれたものを送ってあげたりすればいい。そうすることで、いつまでも絆は繋がっていくのです。私もお世話になった方には、今でも手紙や野菜を送っています。みんなそうやって、繋がりを持っています。災害という予想もしないことが、この山古志という山間集落に起こったけれども、ボランティアの人が来ることで、人口が減りつつある村に、個々に外との繋がりを持つきっかけをもたらしてくれたと思っています。

人との繋がりを強調するのには、理由があります。それは、もともと山古志が過疎地域であったからです。過疎の地域で一番に危惧すべきことは、エネルギーの減速です。それは、自分たちのエネルギーだけではなく、外からのエネルギーの減速をも意味します。ですが、こうして繋がりができたことで、外の人たちと一緒にやれることで、または外の人たちが来てくれることで、新たなエネルギーが村の中で生まれ、活かされるわけです。交流人口という言葉で語られることがありますが、それと同じです。外の人たちと触れ合ったり、知り合ったり、付き合ったりすることで、村の中のエネルギーは、徐々に増幅していくのではないでしょうか。

東洋大学駅伝部は毎年夏の合宿を山古志で行います。そうやって、外から定期的に人が来てくれるようになると、山古志は震災前よりも圧倒的に多くの人と触れ合うようになりました。自分たちが、今まで当たり前過ぎて気づかなかったことが、実は外から来た人にはすごく新鮮で、新たな視点を生み出したり、評価をいただく。そうしたことで、村の底辺から元気が生まれてくるのを感じます。

震災から一年経った熊本も、やはり同じなのではないでしょうか。外から来た人たちとの繋がりで、その人たちが普段の生活の中に、何気ないけれど素敵なことを発見し、それをまた外に発信してくれることで、過疎の地域というのは、とても元気になれるのだと思っています。

横断的に動くボランティアが手本

全村避難となり、仮設住宅での生活が始まるのに伴い、仮設住宅入居者をサポートするために、ボランティアセンターが開設されました。そのボランティアセンターは今もまだ山古志にあって、活動を続けています。

行政というのは、皆さんもご存知のように縦割り組織です。山古志でも、福祉は福祉課、建設に関係することは建設課というように、自分たちの仕事だけをする縦割りの意識がありました。ですが、山古志は小さい村です。私は職員ひとりひとりに対して、村に関する全ての問いに答えられる意識、姿勢を求めていたのですが、残念ながら、お互いの縄張り意識や、他人の仕事に介入したくないという思いがあるのでしょうか、縦割りが解消されることはありませんでした。そこに起こった震災で、ボランティアの方がやって来たわけです。

ボランティアの方は、村の職員ではありません。ですから、縦割りという意識はまったくない。たとえば、被災者が相談に来たら、それがどの課が担当なのかは分からないけれども、その問題を解決するためにあっちこっち歩きまわり、また場合によっては、行政ではないところにも呼びかけて解決するわけです。このボランティアの意識こそが、私は常々、平常時の職員に必要だと思っていたもので、こうしたボランティアの方がいると、被災者にとっては非常に有難いことですし、場合によっては問題解決だけではなく、祭りの準備までを一緒にやってくれたりもするわけです。そういった意味で、縦割りではない、被災者目線に立った人が必要だということで、今も山古志に残って活動していただいているのです。

避難所からずっと関わってくれているボランティアの方が、二名います。本当に、村のことを理解してくれて、山古志に愛着を持ってくれている人たちです。そういう人が、ボランティアとして残ってくれているというのが、一番有難いことです。行政が配置して、行政職員の手伝いをするのではなくて、その地域に愛着を持って、その地域に合ったことを自分で中に入って、触れ合って得ていくという姿勢が必要であり、大事だと思うからです。

被災者が百万人いたら、百万通りの答えがあるのが、被災者対応だと思います。だからこそ、ボランティアもそういう意識を忘れずにいて欲しい。過去に自分がやってきた経験は、その時はそれがベストな選択だったかもしれませんが、被災地が変わればやり方も変わるだろうし、被災者の状況も異なります。その状況に臨機応変に対応していくのが、ボランティアに求められる姿勢なのではないだろうかと思っています。

震災を風化させない

震災の傷跡を残しておくか、取り壊すかといった議論は、どの被災地にも起こりうることでしょう。財産や人命が失われた場所を残すことに対して、忍びないものがありますし、最終的には持ち主の同意がなければ進められないことですから、山古志においても、最初から残すという選択肢は出していませんでした。

木籠《こごも》集落では、地震による地滑りで堰き止められた川がダムとなって、十四世帯の家が水没してしまいました。復旧工事が進むにつれて、この水没した集落だけが、下流への被害を食い止めるため、そのまま自然堤防として残ることとなりました。震災から七、八年過ぎた頃でしょうか、周りがきれいに整備され、山古志を訪れる人に震災の状況を伝える場所が無くなってしまうので、この水没集落だけは残して欲しいという声が、被災した住民の中からあがるようになりました。それではということで、二十年後、三十年後に雪が降っても雨が降っても大丈夫なように、国土交通省や県、市と協議して補修をし、水没したままの状況を今も保全しています。

この先、五十年、百年先に、あの時の地震がどうであったのかを振り返ることがあるのか、そういう意識が必要となるのかは分かりません。ですが、今は山古志を訪れる人に、こういう震災の状況の中から、今は元気になってやっているという姿を見てもらうための場所が必要だと思い、その思いを受け継ぐ場所として残しているわけです。

芋川の河道閉塞で水没した木篭（こごも）集落を想い建てられた「木篭復興の碑」

道路も地すべりした山肌も、トンネルもすべてがきれいに復旧されて、震災の傷跡はほとんど目に付かなくなっています。私は、地震の傷跡はすべて修復してあげたいと思っていましたし、また震災直後の映像もありません。本当は、そんなことに手を割く人員がなかっただけなのですが、私は目に見えるものではなく、個人の記憶の中に残っているものがあればよいと思っています。地震を知る傷跡が、村の中にひとつだけしっかりと残されている。それで十分なのではないでしょうか。

地震のあった十月二十三日は、たとえ国会があっても、その日は必ず山古志にいます。職員をひとり亡くしていますから、職員のお墓参りをして、夕方には追悼式に臨みます。

いつからでしょうか、追悼式も県や市が主催するのではなく、山古志住民会議が主導で行うようになりました。この先もやれる環境があって、来てくれる人がいる限り、感謝の気持ちを示す場として、震災に関わった人たちが山古志に集う機会になればと願っています。

補遺2　「長島忠美さんの『思い』」

平成二十四（二〇一二）年十二月、長島忠美は復興大臣政務官（農林水産大臣政務官兼任）に就任すると、岩手に駐在した。翌平成二十五（二〇一三）年九月に復興副大臣に就任すると、その発する言葉と行動は、ますます耳目を集める。

次は、長島が畏敬の念を持って接しているという、三人の政治家の長島観である。コメントは三者とも、長島の生前の取材による。

新潟県は県下全域が豪雪地帯に指定されている。もちろん山古志も例外ではない。平成二十四年（二〇一二）二月七日、自民党総裁だった谷垣禎一は災害対策本部長として、新潟県の豪雪災害地域である山古志を視察している。その印象を次のように語る。

衆議院議員・元自由民主党総裁　谷垣禎一

私の地元である丹波地方の福知山も深い雪に覆われることは少なくありません。しかし、山古志で目にした雪は私の予想をはるかに超えていました。村は孤立状態に置かれ、電気やガス・水道がマヒしてしまう事態になることは容易に想像できます。こういう時に住民の不安を和らげ、復旧へのいち早い手だてをするのが首長の強いリーダーシップと信頼感です。

平成十六年（二〇〇四）、山古志村の村長として中越地震に遭遇した長島忠美先生は、村の皆さんの精神的支柱としても、立派にその期待に応えていらしたのは、想像に難くありません。

その後、私は長島先生と「サンタ・プロジェクト」という企画を、ご一緒にお手伝いしています。このプロジェクトは、東日本大震災の直後に、日本や外国の学生さんが中心となって、フィンランドの北極圏から来たサンタクロースと被災地を慰問するだけではなく、被災の記憶を風化させないようにと、はじまった活動です。

私は、長島先生がこの活動を、復興庁の政務官・副大臣としてバックアップする姿を間近で見ております。東北の被災地の皆さんの痛みを、自分の痛みとしてとらえられていると感じました。

学生さんを招いての復興庁での「サンタ・プロジェクト」結団式には、マヌ・ヴィルタモ在日フィンランド大使、谷公一復興副大臣、小泉進次郎政務官も出席されたと聞いております。また、旧山古志村を訪問した「プロジェクト」メンバーには、長島先生が労をとられ、学生さんたちはホーム・ステイをし、地域住民の方々から改めて中越地震の話を聞き学んだという報告も、学生さんから受けました。それは、復興庁の政治家としての職務というよりも、長島先生のお人柄をよく物語るものではないでしょうか。

次のお二人は、復興庁の同僚として災害の前線で長島と力を尽くした。

衆議院議員・元復興副大臣　谷　公一

日本は大きな地震とか津波、集中豪雨、台風、更には火山噴火等、避けて通れないリスクが非常に多い国です。それだけに、災害に対する備えは十分にしなければなりませんが、残念ながら、全ての災害に万全な備えをすることは不可能です。政治・行政の役割は、できる限り被害を少なくする、いわゆる「減災」を実現することです。

大きな災害には国が前面に出て支援するのは当然です。ただ、国が被災の現場で細部に立ち入るには限界があります。自治体や地域住民、ボランティアなどの力を当然、借りなければなりません。

また、大災害からの復旧、復興を目指すには、住民が主体的に考え、立ち上がることが何よりも大事です。未曾有の災害であるとか、復興に取り組むべき人材が不足しているという事情はあるにせよ、最終的に地域を再建し、創り上げるのは住民です。国の支援は大事とはいえ、復興の主体は自分たちだということを常に意識して、そのうえで国や都道府県や民間の力を十分に使いこなせばいいのです。

災害の様相は、さまざまです。それに加え、世の中は時代とともに大きく変化しています。たとえば、阪神淡路大震災当時、全国の高齢者比率は十四%で兵庫県もほぼ同じでしたが、現在は二十四%です。加えて、国全体の人口は減り始めた。そのような社会構造の変化の中でどういう復興を目指すのか、またどういう復興が可能なのか、それに答えるのは難しいことですが、未来を見据え、それぞれの地域が全国のモデルだといわれるくらいの意欲で取り組んでほしいものです。

長島先生は中越地震で甚大な被害を受けた山古志村の村長として、村民を鼓舞し、復旧、復興の陣頭指揮に当たりました。長島先生の原点は間違いなく中越地震だと思います。長島先生は村のリーダー、トップとして大変苦労されました。何よりも命を守ることを最優先にし、村民の生活を守り、再建するために覚悟を持って遮二無二走り続けました。その経験が、今、政治家、衆議院議員としての宝物になっています。

長島先生は非常に実直です。地域に寄り添い、地域住民の声から逃げることなく、東北を始め、全国の被災地の復興に取り組んでいます。数多い衆議院議員の中で素朴で、律儀で、土の匂いのする議員はほとんど見当たりません。いわば「希少種」と言えるでしょう。日本人の「原点」をしっかり持っている政治家です。その人間性は、今後の政治活動の場でますます活かされるに違いありません。

衆議院議員・元復興大臣政務官　小泉進次郎

長島先生と東日本大震災の復興の仕事をさせていただき、特に感じたことは、中越地震の被災者としてのご自身の経験に裏打ちされた、被災地へのあたたかい心です。被災者はどういうことを感じているのかという視点で常に細部にわたるまでしっかり考えておられた。

とりわけ印象的だったのは、自民党本部で瓦礫の問題について多くの議員が論じているときに、長島先生が手を挙げられた場面です。「みなさん、瓦礫、瓦礫というけれども、その瓦礫は被災者一人一人の大切な宝物だったものです。今は瓦礫に見えるかもしれないけれど、一生懸命働いて手に入れた、念願のマイホームが地震や津波にやられてしまった。愛する家族の遺品もある。それは被災者の宝物なのです」。

それを決して忘れることのない議論をして欲しいとおっしゃった。僕は、はっとしました。その通りだと。それは、とても感動的で印象深い出来事でした。

長島先生は、被災地の自治体の首長のみなさんに対して、かつての山古志村村長としての経験を語られた。被災地を立て直すための首長の責任、被災者のみなさんに対し首長として何をなすべきなのか。自らの経験から、それは毅然とした態度でした。

国に対して、〝あれやってくれ、これやってくれ〟と言うだけではなくて、被災地のリーダーとして首長さんの心、覚悟、リーダーシップがいかに大切か、最後は自立だ、この思いなくして復興はない——とお話しになられた。

自立して頑張ろうという気持ちを被災者のみなさんに持ってもらうために、首長は何をすべきなのかを常に訴える長島先生の言葉には被災地のみなさんは耳を傾けるんです。ご本人がそれを経験しているからです。この説得力はほかの人にはありません。

偶然にも、「復興」の仕事をご一緒した谷公一先生も同じ意見を持っておられました。谷先生は阪神淡路の被災を経験されています。当時、谷先生は県の職員でした。その体験を踏まえて、東北の被災現地で「阪神淡路の時には、こんな熱い支援はなかった」と笑いながらこぼしていましたが、その一言が、現地の行政関係者にピリッとした緊張感をあたえていました。そうだ、頑張るところは頑張って自力でやっていかなくてはいけない、と改めて感じたように見えました。

長島先生と谷先生の存在が、復興に向けて無形の力を発揮しました。僕にはとても印象的なことでした。被災地の自治体のみなさんのこの経験が、必ず将来の日本の災害に活かされるだろうと、長島先生、谷先生を通じて僕は改めて学びました。みなさんと一緒に東北の復興に携われた経験は僕にとっても財産です。「瓦礫は瓦礫じゃない、被災地のみなさんの思い出が詰まった宝物なんだ」という心を持った長島先生は僕が心から尊敬できる政治家の先輩です。

補遺3 「サンタ・プロジェクトについて」

「サンタ・プロジェクト」は、東日本大震災の被災地の方々の心のサポートとその記憶が風化しないようにとの思いからスタートした。活動方針には「子どもたちを愛し、子どもたちの幸せのために、ひっそりとプレゼントを贈りつづけるサンタクロースのように、お互いがお互いのために『サンタクロース』になることを目指します。」とある。国の内外の多くの大学生が「プロジェクト」に参加し、五年にわたり被災地や沖縄・広島を訪れ、戦争や被災の心の痛みを共有した。

長島忠美はこの活動を支え続けていた。

長島は今、休止している「サンタ・プロジェクト」の再開を心待ちにしていた。

「サンタ・プロジェクト報告書からⅠ」

サンタ・プロジェクト統括プロデューサー　伊藤玄二郎

東日本大震災の町の復興の槌音が伝えられるようになった頃でした。偶然観たテレビの画面に、釜石の町で大きな瓦礫を片付ける釜石シーウェーブスのラグビー選手たちが映し出されていました。なんとその中心で額に汗していたのは関東学院大学時代の私のゼミの卒業生佐伯悠君でした。佐伯君はチームのキャプテンと紹介されていました。この映像は多くの現役のゼミ生も見ていました。翌日、ゼミ生達が佐伯先輩をサポートに釜石に行かせて欲しいと私の研究室に来ました。

これが「サンタ・プロジェクト」の事実上のスタートです。平成二十三年（二〇一一）八月にはじまった釜石のボランティア活動は、ゼミ生による子どもさんたちへの童話の読み聞かせでした。私のゼミは鎌倉の建長寺で毎週土曜日に朗読会を開いています。平成二十九年（二〇一七）十月には六百七十回になります。その長い実践が「サンタ・プロジェクト」にも生きたのです。

釜石の或る朗読会の後、子どもたちから十二月のクリスマスにサンタクロースを連れて来て欲しいという声がありました。私はフィンランドから本物のサンタに来てもらいたいと思い、東京に戻るとフィンランド大使館へ行きました。応対であらわれた文化担当参事官は、私の顔を見るなり「伊藤先生お久しぶりです」と言ったのです。その参事官ミッコ・コイヴマーさんは私のヘルシンキ大学での講演を聞いてくれた人でした。

本物のサンタの招聘には、かつて谷垣禎一、谷公一代議士とサンタクロースの町ロヴァニエミを訪問したことが大きな力になりました。お二人とフィンランドの北極圏の町を訪れたのは、お二人の選挙区である丹波地方とロヴァニエミ市との文化交流計画への視察でした。その折に美しい合唱で私たちを歓迎して下さったのが、毎年サンタクロースの引き立て役として「プロジェクト」の中心となる民族合唱団ベルカントでした。

人との巡り合わせは不思議なものがあります。谷公一代議士はその後、復興庁の副大臣となり、その時一緒に仕事をされた政務官が関東学院大学ＯＢの小泉進次郎さんでした。小泉さんはいつも学生たちに暖かい言葉をかけてくれました。そして長島忠美さんです。

長島さんは東洋大学の理事長や、国際ボランティア学生協会の特別顧問を務めた経験もあって、学生の社会活動に深い理解がある政治家でした。山古志での「サンタ・プロジェクト」の活動は、長島さんの支援で実現しました。学生と子どもさんたちとの交歓、山古志のお母さんとフィンランドのお母さんたちの共同での交歓会の食事づくり、学生のホームステイなど意義ある時を共有しました。

「サンタ・プロジェクト報告書からⅡ」

衆議院議員・新潟県旧山古志村元村長　長島忠美

「サンタ・プロジェクト」が山古志村に来てくださることが決まった直後に、私は子どもたちに「サンタが来るよ」と話しました。「何に乗ってくるの？」と聞かれ、「ソリに乗って雪の上を滑って来るよ」と答えました。その時、山古志にはまだ雪の気配がありませんでした。それが何としたことでしょう。サンタが来た夜から雪が降り始め、翌日は一面の雪でした。

また子どもたちに「なぜ山古志にサンタが来たの？」と問われた時、「サンタさんはいろいろ困っている人のことを心配して来たんだよ。みんなに元気を届けに来てくれたんだよ」と話しました。子どもたちは満足そうに頷いていました。

イベントの中で、東北の被災地の生徒さんの前向きな現状報告にはとても胸を打たれました。私たちは被災した「思い」を共有する者としてある意味理解はしていたつもりでも、実際そこで悲しい経験をした人の話を直に聞く機会は多くありませんでした。「伝える」という活動に対して、私たちはもう一度きちんとやらなければいけないと再認識しました。

また、同時に私たちが被災者として甘えていた時代をもう卒業しなければいけないのだと、多くの山古志の住民は思ったようです。

山古志の人々は町から遠く離れた農村に住んでいるため臆病（シャイ）です。ホームステイ先の家では自分たちのおもてなしで満足してもらえるかと心配していました。でも、学生の皆さんが喜んでくれ、とっても幸せな気分だったと思います。

自分の子どもとはもちろん、本当は若い世代と触れ合って生きていきたいと思っているのが農村の高齢者や農村の本音なのだと思います。サンタ・プロジェクトは、農村でのそういうふれあい交流を促進していくとっても大きな役割を果たしていると思います。

私たちの時代は、学校の教科書だけが世界のことを学べる機会でした。ところが皆さんは肌で、このサンタ・プロジェクトのように世界と触れ合ったり、世界の価値観を体験したり出来るのです。これからは世界の民族同士が「平和」という共通認識を持ち、肌で平和という世界観を共有することが真の平和な世界を築いていくことだと思います。皆さんの活動はまさにそのひとつです。期待しています。

サンタ・プロジェクト活動記録

2011　サンタ・プロジェクト	
12月6日（火）	結団式　早稲田大学大隈講堂
7日（水）	岩手県釜石市イベント　甲東幼稚園
	被災地視察　山田町・大槌町
	「蓬莱館」で震災の体験談を聞く
8日（木）	宮城県名取市イベント　ふたば幼稚園
	仙台市イベント　東北福祉大学
9日（金）	千葉県鴨川市イベント　千葉県立鴨川青年の家
	解団式　日本外国特派員協会

2012　サンタ・プロジェクト	
◆沖縄	
12月1日（土）	結団式　関東学院大学チャペル
	クリスマスツリー点灯式イベント　横浜・八景島シーパラダイス
2日（日）	那覇市イベント　沖縄県市町村自治会館
3日（月）	那覇市長表敬訪問　那覇市役所
	糸満市長表敬訪問　糸満市役所
	献歌　沖縄平和祈念堂
	糸満市イベント　沖縄平和祈念資料館
4日（火）	沖縄視察　ひめゆりの塔・平和祈念公園・首里城
	慰問　沖縄県立こども医療センター
5日（水）	解団式　鶴見大学

2012　サンタ・プロジェクト	
◆東北	
12月9日（日）	被災地視察　岩手県釜石市・山田町・大槌町
	岩手県釜石市イベント　国立釜石病院重症心身障害児病棟
10日（月）	宮城県名取市イベント　ふたば幼稚園
	宮城県多賀城市イベント　仙台育英学園・秀光中等教育学校
11日（火）	宮城県仙台市　東北福祉大学けやきホール
	解団式　関東学院大学人間環境学部

2013　サンタ・プロジェクト	
11月27日（水）	結団式　復興庁
28日（木）	仙台市長表敬訪問　仙台市役所
	慰問イベント　仙台育英学園宮城野校舎
	相馬市長表敬訪問　相馬市役所
	慰問イベント　大野台高齢者等サポートセンター
	被災地視察　相馬市
	仮設住宅訪問　大野台第２地区仮設住宅
29日（金）	被災地視察　長岡市旧山古志村
	慰問イベント　やまこし復興交流館おらたる
12月１日（日）	解団式　鶴見大学
２日（月）	チャリティ公演　カトリック雪ノ下教会
３日（火）	イベント　関東学院六浦こども園

2014　サンタ・プロジェクト	
10月10日（土）	成田空港にフィンランドのミッション出迎え
	十勝沿岸部被災地視察
	十勝川資料館見学
12日（日）	慰問イベン　ひまわり幼稚園
13日（月）	東川町長表敬訪問
	慰問イベント　東川地域交流センター
14日（火）	慰問イベント　道都大学
15日（水）	慰問セレモニー　時空翔
	奥尻島津波館見学
	解団式
16日（木）	奥尻島視察
17日（金）	解散

2015　サンタ・プロジェクト	
11月27日（金）	神戸市役所にて結団式
	阪神・淡路大震災被災地視察
28日（土）	慰問イベント　神戸学院大学ポートアイランド校
29日（日）	慰問セレモニー　広島平和記念公園
	慰問イベント　広島国際会議場
	解団式

サンタ・プロジェクト回顧

サンタとの握手に大喜び・やまこし復興交流館おらたる（2013年11月）

サンタと嬉しい一枚・やまこし復興交流館おらたる（2013年11月）

復興庁の結団式。左から谷公一議員、長島忠美議員、小泉進次郎議員
（2013年11月）

初めての結団式。団旗を手にする団員・早稲田大学大隈講堂（2011年12月）

復興庁結団式。団旗を手に記念のスナップ（2013年11月）

「釜石シーウェイブス」のメンバーと記念スナップ・岩手県釜石市甲東幼稚園
（2011年12月）

サンタクロースからのプレゼントを配る学生達・国立釜石病院（2012年12月）

夜中に雪の中で朗読練習を行う学生・岩手県北上市（2012年12月）

北海道南西沖地震の慰霊碑「時空翔」にサンタも献花・奥尻島（2014年10月）

震災当時の話を聞く団員・長岡市旧山古志村（2013年11月）

広島平和記念公園慰霊碑前でのセレモニーで挨拶をする松井一實広島市長（2015年11月）

神戸市長田区の復興された町並みを視察（2015年11月）

沖縄平和祈念像前で献歌を行った（2012年12月）

サンタ・プロジェクト実行委員会

実行委員長

福原義春（企業メセナ協議会会長、文部科学省参与）

委　　員

三木　卓（作家、芸術院会員）

相賀昌宏（日本書籍出版協会理事長）

横倉義武（日本医師会会長）

大久保満男（日本歯科医師会前会長）

谷垣禎一（日本・フィンランド小百科刊行実行委員・衆議院議員）

長島忠美（復興副大臣・衆議院議員・新潟県旧山古志村元村長）

柳沢伯夫（城西国際大学学長、元厚生労働大臣）

古川洽次（三菱商事顧問）

遠山敦子（元文部科学大臣、元文化庁長官）

内田健夫（神奈川県参与）

橋本五郎（読売新聞特別編集委員、東日本大震災復興構想委員）

池田雅之（早稲田大学教授）

永坂　哲（鶴見大学教授）

鈴木秀雄（関東学院大学教授）

エスコ・ロトウヴォネン
（フィンランド国ロヴァニエミ市長）

伊藤玄二郎（星槎大学教授）
〈統括プロデューサー〉

（肩書は活動当時のものです）

福原義春実行委員長（資生堂名誉会長）を訪問（2012年７月11日）

相賀昌宏実行委員（小学館社長）を訪問（2013年９月２日）

横倉義武実行委員（日本医師会長）を訪問（2014年２月14日）

谷垣禎一実行委員（自民党幹事長）を訪問（2015年11月４日）

資料1　山古志復興への歩み

山古志は平成二十九年（二〇一七）十月二十三日で、震災から十三年を迎える。今、山古志に足を運ぶと、かつて甚大な被害を受けたことなどわからないほど、豊な自然に迎えられる。しかし、あちらこちらにかつて被害を受けた傷跡が残されているのを目にするだろう。

今の姿になるまで幾多の苦難を乗り越えてきたのか、十年間におよぶ山古志の復旧・復興への足取りを追う。

平成16年（2004）

10月

23 午後5時56分　新潟県中越地震発生（山古志村は震度6強）
24 山古志村中越地震災害対策本部設置（山古志中学校）
避難勧告発令
25 避難指示に切り替え
自衛隊ヘリコプターにより長岡市へ全村民避難（市内高校の体育館などへ避難）
山古志村中越地震災害対策本部を移設（長岡地域振興局）
長岡市災害ボランティアセンター山古志班活動開始
26 小泉総理大臣（当時）避難所を訪問
27 JA越後ながおか本店にて山古志支店窓口を再開
29・30 ヘリコプターによる2時間の一時帰宅（14集落のうち12集落）
31 種苧原臨時交番、虫亀臨時交番、竹沢臨時交番が設置される

11月

3 避難所の村民を集落ごとに再編
6 天皇、皇后両陛下避難所を訪問
7・9 自家用車による一時帰宅
8 山古志村役場長岡事務所開設（長岡市幸町分室）
山古志小学校、中学校を再開（阪之上小学校・南中学校）
山古志村社会福祉協議会 長岡市社会福祉センター内に事務所を設置（間借り）
13 山古志村商工会仮事務所開設（長岡市幸町分室）
種苧原集落送電再開

12月

18　新潟県中越地震 山古志支援会議開催
1　新潟県中越地震が激甚災害に指定される
3　ジーコ・ジャパン・ドリームチームが避難所を訪問
10　仮設住宅への入居開始
16　陽光台診療所（内科、歯科）開所
18　山古志復興新ビジョン研究会が検討開始
20　竹沢地区送電再開
22　仮設住宅への入居完了
山古志村社会福祉協議会 陽光台仮設住宅の空室に事務所を移設
23　山古志村仮設住宅入村式（国営越後丘陵公園）
山古志村災害ボランティアセンター設置
田中健さんコンサート（青葉台小学校）
28　ゆきつばき交番開所（陽光台仮設住宅）
虫亀集落送電再開
29　19年ぶりの豪雪 家屋保全のため村有志による雪下ろし隊結成
31　希望の鐘による除夜の鐘（陽光台A集会所）
仮設住宅ではじめての年越しを迎える

平成17年（2005）

2月

1　JA越後ながおか旧本店にて山古志支店業務を再開

3月

6 黒坂黒太郎さんコカリナコンサート（青葉台、新陽、陽光台A集会所）

19 雪しかまつりと併せて古志の火まつり開催

日本一のさいの神に点火（千秋が原）

7 山古志簡易郵便局開局（陽光台仮設住宅）

12 自衛隊「がんばれ！山古志」激励コンサート（国営越後丘陵公園）

21 山古志村閉村式「感謝の集い」（青葉台小学校）

22 山古志村役場長岡事務所移設（長岡ニュータウンセンタービル内）

山古志村商工会仮事務所移設（長岡ニュータウンセンタービル内）

27 松本明慶さんより山古志の倒木から彫ったわらべ地蔵6体を寄贈される

4月

1 長岡市と合併

9 木谷悦子さんミニコンサート「ふるさとの写真」（陽光台B集会所）

11 畑の学校初作付け

26 小松倉集落送電再開

27 インフラ調整会議 入村のため許可証の発行が決定

5月

4 牛の角突き再開（東山ファミリーランド臨時闘牛場）

9 いきがい健康農園開園セレモニー

14 家屋被害調査開始（山古志地域）

16 山古志新ビジョン発表

7月

22 種苧原・虫亀・竹沢・間内平・菖蒲・山中・桂谷・小松倉集落の避難指示解除

8月
10 陽光台仮設住宅地内の仮設の長岡市山古志地域福祉センターなごみ苑（デイサービスセンター併設）設置に伴い移転。社協の全業務始動
13 山古志地域 大盆踊り大会を開催（国営越後丘陵公園）
種苧原、虫亀、小松倉集落の簡易水道通水開始
種苧原・虫亀・竹沢・間内平・菖蒲・山中・油夫・桂谷・小松倉集落電話開通

9月
16 竹沢（油夫集落除く）地区の簡易水道通水開始

10月
5 山古志支所 山古志現地事務所開設（建設課4人体制）
23 中越大震災復興1周年「震災復興ウオーキングin山古志」
震災1周年追悼式

11月
23 平成16年度、17年度山古志地域合同銀婚式（青葉台コミュニティセンター）

12月
31 希望の鐘による除夜の鐘（陽光台A集会所）

平成18年（2006）

1月
22 元気です!山古志展開催（東京都渋谷区 新潟県ネスパス）

2月
18 雪しかまつりと併せて古志の火まつり開催 雪中闘牛を行う（千秋が原）
19 「がんばって長岡!」～小林幸子歌の集い～（青葉台小学校）

3月
10 山古志小学校 総合学習で学んだことを創作演劇で公演（長岡リリックホール）
23 山古志トンネル貫通式

4月
29 神戸からのエールうたのかけはし♪ゴスペルコンサートin長岡（青葉台小学校）

5月
8 山古志支所 山古志現地事務所拡充（窓口業務の一部を再開）

6月

14 三人娘（中尾ミエさん、園まりさん、伊東ゆかりさん）と一緒に田植え（長岡市渡沢町）

29 小林幸子さんと小林幸子田《でん》で田植え（虫亀集落）

7月

11 天空の郷原寸大ワークショップ（楢木集落移転予定地）

12 太田簡易郵便局再開（虫亀集落）

4 虫亀診療所再開

8月

6 種苧原診療所再開

7 梶金集落送電再開

13 種苧原郵便局再開

14 大久保集落送電再開

7 竹沢郵便局再開

11 池谷集落送電再開

12 油夫集落の避難指示解除及び簡易水道通水開始

第2回山古志地域盆踊りまつりを開催（国営越後丘陵公園）

14 JA越後ながおか山古志支店再開（種苧原集落）

15 甦れ！山古志の空（虫亀集落）

17 竹沢保育園再開

28 NPO法人中越防災フロンティア設立

9月

1 山古志支所開所式

感謝の集い（山古志支所前）

山古志歯科診療所再開

コミュニティバスの運行開始
3　国道291号開通（山古志トンネル、宇賀地橋共用開始）
6　山古志診療所再開
17　全国闘牛サミット記念闘牛大会（山古志闘牛場）
19　長岡市山古志地域福祉センターなごみ苑（デイサービスセンター併設）が復旧し山古志へ戻る
20　長岡市デイサービスセンターなごみ苑が山古志で業務再開
26　長岡市山古志地域福祉センターなごみ苑の開所式

10月

1　第1回中越復興フェニックスマラソン&ウオーク開催（山古志地域）
7　小さな心の旅・満月の劇場・中越地震復興チャリティコンサート1000人のチェロ（山古志体育館）
22　フェニックスモニュメント除幕式（青葉台）
23　震災2周年追悼式（山古志支所、陽光台仮設住宅）
23・24　'06OKOSHIキャンプ（山古志支所ほか）
30　山古志小・中学校再開

11月

1　山古志商工会再開
3　産業まつりを再開（市営スキー場第1ロッジ跡地）
12　中山隧道が土木遺産に認定される（小松倉集落）
17　木籠橋完成 集落による渡り初め
23　あまやち会館再開

12月
28 羽黒トンネル貫通式
9 り災者公営住宅鍵渡し（公営住宅竹沢団地）
22 地域内の全ゲート撤去
31 新陽・青葉台仮設住宅閉鎖

平成19年（2007）

2月
14 長岡造形大学から闘牛のモニュメント寄贈（山古志体育館）
25 安倍総理大臣（当時）陽光台仮設住宅訪問

3月
5 山古志小・中学校錦鯉飼育再開（山古志小・中学校）
12 感謝の碑除幕式 小林幸子さん越後絶唱を熱唱（国営越後丘陵公園）
20 竹沢駐在所再開
25 午前9時41分 能登半島地震発生

4月
1 池谷・楢木・梶金・大久保・木籠集落の避難指示解除（新潟県中越地震で発令された避難指示が全て解除）
山古志地域5集落復興への集い
池谷、楢木、梶金、大久保、木籠集落の簡易水道通水開始
14 映画「マリと子犬の物語」仮設住宅などで撮影開始

6月
23 能登半島地震応援ツアー
25 山古志小・中学校プール開き（中村真衣さん来校）

7月
13 住民組織立ち上げ準備会

8月

16　午前10時13分 新潟県中越沖地震発生（山古志地域震度6弱）
21　中越沖地震支援 刈羽村避難所へ炊き出し
27　木籠集落送電再開
29　山古志小・中学校 竣工式（山古志小・中学校）

9月

1　長岡まつり大民謡流しに住民参加
10　第1回山古志住民会議開催
14　仮設住宅納涼会を開催（陽光台C集会所他）
15　牛の角突きが山古志で再開（山古志闘牛場）
1・15　ボードウォーク設置（山古志闘牛場）
4　楢木集落送電再開
8・9　復興祭！おかえり―種苧原の大地へ（種苧原集落）
15　大久保祈願祭（山古志体育館）
小中学校・山古志合同大運動会（山古志小・中学校）
17　うたごえ交流チャリティコンサート（山古志闘牛場）
29　寺野バイパス・羽黒トンネル開通を祝う会（種苧原集落ほか）
30　第2回中越復興フェニックスマラソン＆ウオーク2007（山古志地域）
山古志簡易郵便局閉鎖（陽光台仮設住宅）
全国へお礼状の発送（約一万一千通発送）

10月

11　ノルウェー音楽祭山古志復興支援コンサート（山古志体育館）
21　ありがとうの碑 除幕式（山古志小・中学校）

やまこしありがとうまつり（山古志闘牛場、各集落ほか）
「よっトイレプロジェクト」の開始
22 映画「マリと子犬の物語」出演者仮設住宅訪問（陽光台仮設住宅）
23 天空の郷・感謝祭（楢木集落）
希望の鐘、絵画「岬暮れる」贈呈式（山古志支所）
震災3周年追悼式（山古志支所、陽光台仮設住宅）
31 陽光台診療所（内科）閉所（陽光台仮設住宅）
国道291号間内平拡幅工事完了（間内平集落）

11月

3 地域に戻っての山古志産業まつり（種苧原集落）
18 梶金復興祭（梶金集落）
28 映画「マリと子犬の物語」山古志で試写会（山古志体育館）
30 池谷除雪格納庫が完成（民俗資料館跡地）
池谷・楢木・梶金・大久保・木籠集落電話開通

12月

23 やまこし帰村式（国営越後丘陵公園）
やまこし感謝の集い（陽光台総合集会所）
ゆきつばき交番閉所（陽光台仮設住宅）
25 陽光台・青葉台地区へお礼状の発送（約六百枚配布）
28 山古志支所長岡事務所閉所
31 陽光台仮設住宅閉鎖

平成20年（2008）

1月 20 「ありがとう」の歌DVD制作
3月 9 古志の火まつり山古志で復活
4月 1 地域復興支援センター山古志サテライト設置
5月 9 特産品開発研究事業開始
6月 14 午前8時43分 岩手・宮城内陸地震発生
16 岩手・宮城内陸地震支援
7月 1 クローバーバス運行開始
30 中国四川省大地震義援金の贈呈
10月 23 震災4周年追悼式
やまこしありがとう広場（この年10回開催）

平成21年（2009）

4月 24 基本構想「やまこし夢プラン」概要版、「地域福祉プラン」概要版の全戸配布
5月 23 映画「1000年の山古志」山古志地域完成披露試写会
8月 5 被災地視察・交流事業（東京都三宅島）
9 羽黒山復興の碑除幕式
10月 11 山古志闘牛場がリニューアルオープン
天皇、皇后両陛下の御製、御歌の歌碑除幕式（山古志闘牛場）

11月
23 震災5周年追悼式
やまこしありがとう広場（この年11回開催）
「山古志弁当」完成披露会、「やまこし汁」のふるまい
2 コロラド州からアルパカが到着（油夫集落）

平成22年（2010）

4月
上旬 「やまこし夢プラン～行動計画～」概要版の全戸配布
7月
13 闘牛アパート跡地に牛魂碑を建立
10月
23 震災6周年追悼式
やまこしありがとう広場（この年7回開催）

平成23年（2011）

3月
11 午後2時46分 東日本大震災発生
16 各集落からの支援物資を搬送
20 支援物資搬送と避難所での炊き出し（宮城県南三陸町）
27 山古志中学校3年生が復興チャリティー上映会
住民からの支援物資（衣類等）搬送
4月
6 宮城県南三陸町へ支援物資（米、お餅）搬送
13 市内避難所で豚汁の炊き出し
5月
22 市内避難所で山菜料理等炊き出し

26 岩手県大槌町の避難所でやまこし汁の炊き出し
岩手県陸前高田市への支援物資搬送

6月
30 市内避難所で豚汁の炊き出し
8 三宅島の田んぼ誕生
11 宮城県南三陸町へ寄せ書きお届け
12 種苧原アルパカ牧場オープン
22 中越地震復興祈念碑除幕式

10月
23 震災7周年追悼式
やまこしありがとう広場

平成24年（2012）

3月
11 東日本大震災から1年～山古志から思いを届けよう～

8月
25 やまこし夏まつり初開催

10月
23 震災8周年追悼式
やまこしありがとう広場

平成25年（2013）

4月
1 総合型クラブY-GETS活動開始
29 映画「この空の花」山古志地域上映会

10月
23 震災9周年追悼式

やまこし復興交流館おらたるオープン
やまこしありがとう広場

平成26年（2014）

3月 9 被災地間交流活動
古志の火まつりで岩手県大槌町向川原虎舞風虎会が虎舞披露

4月 1 過疎地有償運送制度によりクローバーバスが運行開始

6月 8 全国闘牛サミット記念大会（山古志闘牛場）
やまこしありがとう広場

8月 3 にこにこひろばオープン
30 防災運動会、やまこし夏まつりを東竹沢崩落現場跡で開催

10月 19 復興10周年記念闘牛大会（山古志闘牛場）
23 震災10周年追悼式
やまこしありがとう広場

第四章　追悼　長島忠美

運命の日、平成十六年（二〇〇四）十月二十三日、山古志の夕焼けは、日没が近づくにつれて赤みを増し、異常なほど美しかった。余震の恐怖におののきながら見上げる夜空にまたたく星も、また美しかった。

長岡へ避難するヘリコプターの眼下に広がる山古志の紅葉も、近年にみない美しいものであったという。

長島忠美は逝った。

平成二十九年（二〇一七）八月二十四日、私は長岡の長島の告別式で焼香を済ませると山古志に向かい、長島を知る住民の方々に話を伺った。

旧山古志村役場職員　青木　勝

今日は告別式でした。元気な時の長島さんの話とは内容が変わってしまうかもしれませんし、我々が話せるのは政治家になってからというよりも、政治家になってからの長島さんでは実際に言えない部分もたくさんあったわけですから、もう一度きっちりと長島さんを評価し直さなければならないと思っています。まだ自分の中で整理がついていない状態ですが、ただ懐かしがってばかりいても前へ進めませんから。

震災当時、長島さんは村長の二期目の途中でした。平成十二年ぐらいから合併協議が始まっていて、私は合併を進めるための部署、企画課で企画課長をやっておりました。九月議会で合併協議が終了し、議決をして来年春には長岡市と合併することが決まった一ヶ月後に震災がありました。

中越地震が起こった時、実は私は山古志にはいませんでした。地震の日の午後二時頃までは山古志にいたのですが、あの日は土曜日でしたので長岡にもある自宅でパソコンを広げたところで地震が来ました。長岡でも揺れはすごかったです。窓がひし形になって「ああ、この家つぶれるな」と思ったくらいですから。パソコンを開いたばかりでしたが身動きが取れない。立つことも座ることもどうにもならない状態の中、目の前のテレビがひっくり返って飛んできて、開いたパソコンの上にバターンと落ちて。ちょうどたばこをくわえたばかりでしたから、揺れがおさまってから最初にしたのは、たばこの火を消すことでしたね。

これがただならぬ地震だというのは分かりました。ですが山古志が震源だとは思いもしなかったですね。いくら連絡しても山古志と連絡が取れないので、山古志もひどいことになっているのだろうと思いました。山古志の状況をこの目で見たのは、翌日のＮＨＫのテレビでしたね。

長島さんは間違いなく全村避難を決断してくると思いました。そして長岡にいるのは私だけですから、なんとかしないといけない。長岡の避難所が埋まってしまっているなかで、山古志の二千人分の避難所を確保しなければいけないわけです。長岡市と協議して、開けられる施設をみんな開けてもらってもまだ足りない。そこで県の方々と協議して、高校の施設を開けられるだけ開けてもらって八ヶ所の施設を用意して受け入れました。人が絶え間なく入ってきますから、山古志に戻る暇がありません。十一月の下旬になってやっと山古志に入りました。山古志村の職員の中でヘリに乗ったことがないのは私だけだと思いますね。

三年間の協議を経て、九月の議会では山古志村を合併によってなくすという結論が出ました。首長長島さんにしてみると、それで役割を終えているわけです。合併を決めたところで山古志住民をすべて避難させなければいけないというのは、とてつもない試練です。長島さんがそこから自分の体にムチ打ち、頭を下げて、全村避難を決断したというのはものすごいプレッシャーだと思います。自分は村を潰してしまう張本人になるわけで、全村避難によって、財産もすべて投げ打ち、みんなで一緒に避難すると決断した。この人たちに対して責任をどうとるのかということが長島にとってはすごいプレッシャーだったはずです。それからの長島さんというのは、もう人が違いました。毎日毎日かわっていくのがわかりました。感覚は、震災以降、研ぎ澄まされていますから、何が必要かということを理解していて、その時に何を提案すれば実現されるのか、こいつはこんなにすごい人だったのかというのを、目の前で見ていました。

長島さんは小さいながらも一村を率いてきた村長です。来年には合併で村がなくなることが前提ではあったものの、村民を避難させた責任をどうとるのか、そのためであれば何でもやるという意思は強かったですし、そこからまた感覚がどんどん研ぎ澄まされていきました。モチベーションや考え出すことがすごく、彼の成長していく姿をずっと見ていました。平凡に終わることも可能でしたがそうはしないで、何とかやらなければいけないのは俺の責任だ、仮設に入るのも出るのも一番最後と、自分に課していましたね。

最後に長島さんとは、「全国で災害が起きている中で、災害対策と地方創生というものを地域政策に高めてやれるのはお前しかいないだろう。やるべきことは我々の考えた山古志の復興プランというものを具体的な政策にするのはお前しかいないんだ」という話をずっとしていました。そこがまだできないうちにこういうことになってしまったのは残念です。

山古志商工会長　田中　仁

田中仁は現在、商工会長として山古志の産業や観光を牽引する。震災時においては村会議員として長島を支えた。

震災のあった十月二十三日、私は虫亀の自宅におりました。その日は土曜日で会社が休みでしたから、発生したその時間はちょうど夕方で、家族と夕飯を待っていた時でした。家内は台所で夕飯のしたくを、父は隣の部屋でテレビを、子どもたちはリビングでテレビを見ていましたが、そのテレビが吹っ飛んでくるほどの、座っていられないくらいの揺れでした。発生すると同時に停電になりました。状況がよく分からなかったものの、偶然にも地震の揺れで懐中電灯が勝手についたため、その明かりを頼りに家族の安否を確認し、すぐ玄関へ靴を取りに行きました。家は鉄骨構造でしたから、倒壊することはまずないだろうと思っていましたが、大きな揺れでしたので、逃げるように外へ出ました。近所に一人住まいのおばあちゃんがいましたので、その方と一緒に、車で家の近くにある広場へ避難しました。

三十、四十分経たないうちに、長島さんがあがってきて、ここが安全であり、電波が通じるということで一緒にいました。そこから長島さんは和島村の当時の村長さんに電話をしたり、県に救急要請をしたりしていました。

僕らもそこにいて、最初の三十分くらいは電話がぎりぎり通じて、そこから先十五分か二十分くらいはメールだけが通じていました。長岡市内にいた職員とも一度くらいは電話が通じたように記憶しています。状況把握ができないなかで停電していましたから、何がどうなっているのか……。ただ揺れがすごく、これは尋常ではない事態だと、地域の人はそれぞれ安全な場所に避難をして、安否確認は自然にできていたように思います。

道はすべて崩壊していましたが、夜が明けきらないうちに長島さんはとにかく役場に行かなくてはいけないと言って、熟知した山道を、危険を回避しつつ歩いて向かいました。野池がどんどん崩壊して水が流れ出し、濁流になって、相当危険な状態ではありましたが、必死の思いで到着して。職員も土曜日でお休みでしたが、三々五々、来られる人が集結してきました。

僕らは集落で高齢者の方も含めた安否確認を始めていました。村の中心に廃校になった建物があり、これはしっかりしたつくりでしたから、自然とそこにみんなが集まってきて、さっそく火を焚いて、炊き出しの準備を始めていました。水は井戸がありましたし、食材に関しては田舎ですから、それぞれの家からお米などを持ち寄って、みんなで炊き出しをしていました。

全村避難という苦渋の選択をせざるを得ないという状況の中、長島さんがその決断を早い段階でしたというところに、やはりリーダーとしての資質はもちろん十分にありましたし、それに対して異論が多少あったとしても、異論を唱えるほどの余裕もなく、みなにとってこの選択がベストだろうとすぐに意思統一ができたというのは、日頃から長島さん自身が地元に根付いた政治、地域の人との触れ合いを大切にしていたことのあらわれであると思っています。

十数年経った今、地震を除外して思考するのは難しいという気はしますが、単純な想像でしかありませんが、中越地震というものがなければ、おそらく長島さんは国に行くということはなかったんじゃないかなという気はします。本人の意思としても、選択肢としても多分「ない」

と思います。あっという間に、時代の波が、政治の大きな波が動いて、巻き込まれた感はありますね。時の首相や官房長官等からオファーがあった時、相当悩んだと思います。苦渋の決断とは言いつつも、地域の中には「国に行って頑張ってこい」という声もたくさんありましたから、そこで折り合いをつけて決断したのだと思います。

長島さんの死は率直に早過ぎました。彼のようにいろいろなことをなりふり構わず、山古志のような小さな地域や小さな市、県にまで勢力を注ぎながらも、自分の根っこは山古志の地にあることを明確にして行動できる人は、この先出てこないだろうという喪失感もあります。僕らはこの地域をこれからどうすべきかを考えていかなければならない世代です。もう一度、長島さんがしてきたこの十数年をそれぞれが振り返り、長島イズムを柱に据えながら、地域の先を考えていく必要があるだろうと思っています。

小千谷は山古志と並んで錦鯉の産地として知られる。間野泉一は日本を代表する養鯉業者で、平成十七年（二〇〇五）の衆議院議員選挙で長島が北陸信越ブロックの比例で当選して以来、小千谷地区後援会長をしていた。錦鯉はすでに小千谷市、長岡市の「市の魚」に制定され、平成二十九年（二〇一七）、「県の鑑賞魚」に指定された。間野たち養鯉業者は長島の協力を得て、国の魚、国魚に向けた運動を始めたばかりだった。

小千谷市在住　間野泉一

震災当日の十月二十三日は池上げで、大量の肉やモツが友人から家に送られてきました。仲間と一杯飲むことになっていました。牛にエサをやり、シャワーでも浴びて、肉とモツを持ち出し、さて一杯飲むかというところで「ドーン」と来た。

その後からでかいのが三回きて、まわりの様子はさっぱり分からないけれど、上を見るとヘリコプターがバタバタバタバタしている。たまたま家族はみんな家にいました。町内を歩いて、「家族が全員いるか点検しろー」と言ったら、中には「うちの父ちゃんは帰ってきてない」と大騒ぎになっていました。

すぐ先にある東山トンネルや国道は、小千谷の闘牛場の上の土砂が全部流れてきて通行止めになりました。山古志は全員避難しました。ここ小千谷市東山地区は、山古志に近いけれど避難対象ではありませんでした。女性や子ども、お年寄りは全員、小千谷の市街地に避難しました。俺たち屈強な連中は避難しないで、町内で九人、残っていました。けれども毎日毎日、役所の連中が来て「出ろ」と言うし、そのうちデマまで飛ぶ。「そこにずっといると、この集落なんか一挙に流れるぞ」と。我々はけもの道まで知っているし、いざとなれば避難する道も分かっているから心配なんてありません。食糧は肉も魚もあるし、薪もいっぱいあるし、米も新米が一俵に古米もある。引いていた水道が地震で使えなくなったけれど、地下水や湧水もある。けれどもここも最後には全村避難になって避難所に行きました。地震から最初の三、四日はここにいて、その後、小千谷の体育館に五十日間、十二月の上旬に仮設住宅に移り一年半そこにいました。

地震で人口は減りました。けれど残った人は逆に絆が強くなったのではないでしょうか。この土地を守ろうという人、そういう心意気の人だけが残ったから、かえって団結力が強くなったという感じはします。

長島さんが帰村する様子はテレビで見ました。みんなを安全なところへ避難させたら最後まで責任を持ち　そして自分は一番最後に帰る。彼はそういう人なんだよ。

越後人というのは、俺は出世したいと人を押しのけていくタイプが多いです。でも長島さんは珍しくそういうタイプの人間ではないんだよね。人を押しのけてでも、あれをやるこれをやるっていうタイプの人ではないけれど、そのかわり、やり始めれば真面目に一生懸命やるという人だったね。

山古志在住の星野京子は長年「民宿たなか」を切り盛りしている。長島の妻、長島久子は星野より先に民宿「山古志百姓や三太夫」を始めた民宿仲間である。

山古志在住　星野京子

震災があった日は、うちには六名のお客さんがいらっしゃいました。四名は和歌山から、残り二名は佐渡から。揺れたのは午後六時前でしたね。六時になったら夕飯にしようと準備を進めておでんをガスから下ろした後でした。あれが鍋のそばにいたら、おそらく鍋をもろにかぶって大やけどをおっていたと思います。

もしあの地震があと一時間遅ければ、うちのおじいちゃんは寝ていて、テレビが頭の上に落ちて亡くなっていたと思います。息子のお嫁さんは、あの日はちょうど遅番で勤めに出た後だったから、災害には遭っていませんが、もし普通勤務で帰ってきていたら、途中でがけ崩れに遭うなどして、だめだったと思います。倅と孫達は、十五分くらい前に小千谷に行くと言って出かけたところでした。それであの地震。私たちは倅たちがどうなっているのか分かりませんでした。そのうちに自動車のラジオで小千谷のほうで土砂崩れが起こり、車が埋まったと言うじゃないですか。家を出た時間からするとちょうどあのあたりだから、車が土砂に埋まっているんじゃないかなと心配しました。でも、バイクでまわってきてくれた村の職員の方から「この下の間内平集落に息子さんらはいるから安心してくれ」と聞いた時は、本当になんともいえなかったです。

お客さんには、うちのそばにある「錦鯉センター」の広場に避難してもらうことにしました。広場には電線もないし、安全なところだったんです。外は星空がすごくきれいでした。布団を全部持ち出して、コンクリートの上に敷いて、近所の人や高齢者の方、自分たちはそこで休みました。星空がすごいものですから夜露が心配になって、皆さんに軽トラックを持ってきてもらい、布団と布団の間にトラックを止めて、その上にブルーシートかけて、夜露をしのぐようにしました。余震もすごくて、余震があるたびに、ブルーシートがすごい勢いで「バサンバサン、バサンバサン」と音を立てていました。

地震の二日後の朝、区長さんが来て、「とにかく全村避難で、ヘリコプターが飛んでくるから下におりてください」と。私は孫三人を連れてヘリコプターに乗りました。倅とじいちゃんと犬は後から乗りましてね。自衛隊の方たちは犬にも本当に親切にしてくれました。災害があった時の避難なんて、本当に気が動転してしまっているから、何を持っていっていいか分からないんですよ。長岡に着いて、持ってきた袋の中を見たら、入っていたのはカバンはひとつと、あとは特に必要でもないおかしなものがあって。開けてびっくりでしたね。

仮設には家ができるまでの二年半ほどいました。平成十八年（二〇〇六）のお盆過ぎに、ようやく家ができあがった時、倅や孫達が絶対山古志に帰るんだって言ってくれたのは私には一番嬉しかったことです。長岡や小千谷で生活すると言われたら、おそらく今の自分はいないと思うんですよ。ここにいれば自由でしょう。自分で自分のやりたいことができる。嫌なことがあれば畑に行けばいい。畑では花が咲き、実がなり、それを収穫することによって、なんだか自分が癒されます。長島さんは本当に村長であり、私たちにとっては父親でした。本当に芯から頼っていましたし、長島さんのお陰で、ここに無事に戻ってこられたんだという気持ちでいっぱいでしたね。

山古志が大好きです。長島さんが村長になった時の所信表明が「子どもたちがどこの出身かと聞かれて、山古志出身だって堂々と答えられるようなそんな地域にしたい」とおっしゃった。大多数の人たちからすると、山古志は長岡の隣といった言い方です。ですがそんなことを子どもたちには言わせたくない、堂々と山古志と言って欲しいというのが村長の最初の願いだったのです。そして今の子どもたちは、山古志のことをすごく誇りに思ってくれています。

次に語る二人は、震災当時は若手の職員として、長島の下で働いた。ともに口をついて出る言葉は喪失感である。しかし進むべき道を明確に語り、そこへ向けての結束はかたく力強い。

旧山古志村役場職員

地震の時、前の平山征夫知事が本を一冊持って来て、山古志は今はこういう状況だから、キャプテンとしてやりなさいという話をされました。今振り返ってみて、何が不安かというと、リーダーの不在が不安なんです。復興も同じです。復興論というよりも、リーダーがいなければ復興になりません。長島忠美という稀有なリーダーがいて、そのリーダーがいなくなったことで焦燥感や不安感が生まれてきているわけです。リーダーに代わって、個々に頑張ることもできます。ですが、あの時「帰ろう山古志へ」という御旗が立ち、それを引っ張るリーダーとして長島忠美がずっといたのです。そしてそのリーダーが八月十八日に急にいなくなった。リーダーがいなくなった部分の不安さが如実に出ています。自分のことでいえば、普段とは何もまったく変わらない。何も変わらないけれど、一抹の不安が何かあるわけです。長島イズムというのはみんなが持っていて、これから頑張っていくという気持ちは大いにあります。けれども、そこに長島忠美というリーダーがいないという不安が残るのです。

復興の時も、議会は長島忠美というリーダーに託していた。それぞれの地域で被災状況は異なりましたから、いろいろな意見が出ます。それを全部まとめる強いリーダーがいたんですね。東北や他の被災地の復興が遅いといわれます。それはリーダーがいないからです。言い換えれば、山古志には長島忠美というすごいリーダーがいて、大なり小なりいろいろなことに関わるリーダーがいたということです。

今後、山古志でいろいろなことを展開し、いろいろな場所でお願いをしたり、聞いたりといった作業をする中で、間違いなくいやというほど長島さんを失った喪失感を感じるだろうという気がしています。埋め合わせはできませんが、どのようにしてくべきか。それはみんな考えているんじゃないでしょうか。私たちは、もう前を見て進みはじめています。

旧山古志村役場職員

僕は一度だけ村長が寝ているのをみたことがあります。地震後、初めて長岡の振興局に行って、玄関先の床で寝る時、村長が「俺より早く寝ろ。俺のいびきはすごいから」と。それで村長より早く寝たけれどもいびきがすごくて起きました。テントで寝ていると美談にしているけれど、おそらく、自分のいびきで誰も寝られないのが申し訳ないということで、テントと言っているのではないかと思っていました。

地震があった直後は、まだ本人が若かったこともあって太っていましたね。それから急速に痩せてまた太った。寝る間も惜しんでいろいろなことをしていれば、いくら若くて体力があっても痩せますよ。やっと村長の体調が戻ってきた、体格がある程度戻ってきたというのを見て、逆にああやっと落ち着いたんだなと思っていました。みんなも「村長、大丈夫かな」と口々に言っていたように思います。

僕だけかもしれないですけれど、地震後に村長の酒に酔った姿というのは、一度も見たことがありません。災害はあちこちで起こりますし、東日本大震災の後は、その関係で何度も東北に足を運んでいました。そうこうしているうちに大雨で広島や九州へと行ったり、また政治家にはつきものですが、地方の選挙にも顔を出したりと、本当に忙しかっただろうと思います。

山古志は難破船からスタートしましたが、その間には長島さんがいて、いろんなことをしてきて、進む方向は決まっていますし見えています。だから今の山古志は難破船ではなく、船長か、はたまた大きなエンジンか帆を失った船といえます。けれども残った人間が力を出し合えば難破船ではないのです。ただ防波堤がなくなったので、受ける波は大きいかもしれないですが。転覆しないよう、みなで力を合わせて進んでいきたいと、そう願っています。

長島忠美追悼アルバム

闘牛「三太夫」と

多くの方々からの応援を受けて　2004年12月

新潟県中越地震の被災地に向かう天皇皇后両陛下に挨拶する　2004年11月６日
（提供　朝日新聞社）

豪雪視察　2004年12月

衆議院災害対策特別委員会での発言　2005年10月21日
（提供　朝日新聞社）

宮崎の台風被害の被災地を視察　2005年９月24日
（提供　朝日新聞社）

「小林幸子田」での田植えを終えて

毎年お盆に行われる成人式。公式行事、最後のスナップ　2017年８月14日

資料2　平成の大震災 記憶と記録

平成に入ってからの人的被害を伴った大震災として、平成五年（一九九三）の北海道南西沖地震、平成七年（一九九五）の阪神・淡路大震災、平成十五年（二〇〇三）の十勝沖地震、平成十六年（二〇〇四）の新潟県中越地震、平成二十三年（二〇一一）の東日本大震災、平成二十八年（二〇一六）の熊本地震の六つを取り上げる。

北海道南西沖地震

平成五年（一九九三）七月十二日（月）の午後十時十七分頃、北海道奥尻郡奥尻町北方沖の日本海海底で発生した地震である。マグニチュードは七・八、推定震度六（烈震）で、日本海側で発生した地震としては近代以降最大規模。震源に近い奥尻島を中心に、火災や津波で大きな被害を出し、死者二百二名、行方不明者二十八名を出した（このため、奥尻島地震とも呼ばれる）。

北海道南西沖地震　概要

発生日時	平成５年（1993）７月12日（月） 午後10時17分頃
震源地	北海道南西部 （北緯42度47分　東経139度12分）
震源の深さ	約34km
規模	マグニチュード7.8
各市町村の最大震度（震度４以上）	
震度６	奥尻島（奥尻島は地震計が設置されていないため震度６の烈震と推定された）
震度５	北海道小樽市、寿都町、江差町 青森県深浦町
震度４	北海道函館市、苫小牧市、室蘭市、倶知安町 青森県青森市、むつ市

（参考：内閣府、気象庁）

津波により陸地に乗り上げた漁船（青苗地区市街地）

阪神・淡路大震災

平成七年（一九九五）一月十七日（火）、午前五時四十六分に発生し、震源地は淡路島北部（北緯三四度三六分　東経一三五度〇三分）、震源の深さは約十六キロメートルで、規模はマグニチュード七・三と推定されている。

この災害による人的被害は、死者六千四百三十四名、行方不明者三名、負傷者四万三千七百九十二名（総務省消防庁調べ、平成十七年十二月二十二日現在）。住家については、全壊が約十万四千九百六棟、半壊が約十四万四千二百七十四棟という戦後最悪の、極めて深刻な被害をもたらした。

阪神・淡路大震災　概要

発生日時	平成7年（1995）1月17日（火） 午前5時46分
震源地	淡路島北部 （北緯34度36分　東経135度03分）
震源の深さ	約16km
規模	マグニチュード7.3
各市町村の最大震度（震度6以上）	
震度7	神戸市（須磨区、長田区、兵庫区、中央区、灘区、東灘区）、芦屋市、西宮市、宝塚市、淡路島北淡町、一宮町、津名町の一部
震度6	神戸、洲本

（参考：内閣府防災情報、災害対応資料集）

資料２　平成の大震災 記憶と記録

電信柱が倒壊した神戸市

電車ごと陥没した伊丹駅
写真提供／阪神・淡路大震災記念 人と防災未来センター

十勝沖地震

平成十五年（二〇〇三）九月二十六日（金）の未明に、北海道太平洋沿岸の東部（厚岸・釧路）～十勝平野（豊頃・忠類等）～日高支庁南部（浦河・静内）にかけて、最大震度六弱を観測。地震に伴う津波は北海道から東北にかけて観測され、浦河港で一・三メートル、霧多布で一・三メートル、八戸で一・〇メートル（いずれも検潮所の記録）など。また、遡上高として十勝港で二・五メートル、えりも町百人浜で四・〇メートル、痕跡高として豊頃町長節沼で三・八メートルなどが観測されている。

総務省消防庁の発表によれば、被害は津波による死者一名、行方不明者一名、重傷者六十九名を含む負傷者八百四十九名、住家全壊百十六棟、半壊三百六十八棟であり、強震動による屋外石油タンクの火災発生等、大きな災害を伴った。

十勝沖地震　概要

発生日時	平成15年（2003）9月26日（金） 午前4時50分
震源地	釧路沖（北緯41度46分7秒　東経144度4分7秒）
震源の深さ	45km
規模	マグニチュード8.0
各市町村の最大震度（震度5強以上）	
震度6弱	北海道釧路町、幕別町、新冠町、浦河町、静内町、厚岸町、鹿追町、豊頃町、忠類村
震度5強	帯広市、釧路市、厚真町、足寄町、本別町、更別村、広尾町、弟子屈町、音別町、別海町

（参考：地震調査研究推進本部、気象庁）

堤防の崩落（十勝支庁管内　豊頃町・牛首別川）

石油コンビナート火災の消火活動
写真提供／北海道総務部危機対策室防災消防課

新潟県中越地震

平成十六年（二〇〇四）十月二十三日（土）夕刻、中越地方を襲い、最大震度七を記録した。避難者約十万人、住宅損壊約十二万棟などの直接被害や風評被害、上越新幹線の不通による観光産業への影響など、大きな経済的影響を及ぼした。

旧山古志村（現長岡市）を中心とした地域では、地震により多くの箇所で崩壊や地すべりが発生し、芋川流域では大規模な河道閉塞が発生して、東竹沢地区などで人家が水没するなどの被害が生じた。

さらに、震災に引き続き十九年振りとなる豪雪に見舞われ、被災地では、約三千世帯、九千人を超す被災者が、応急仮設住宅での生活を余儀なくされた。

新潟県中越地震　概要

発生日時	平成16年（2004）10月23日（土） 午後5時56分
震源地	新潟県中越地方 （北緯37度17分30秒　東経138度52分0秒）
震源の深さ	13km
規模	マグニチュード6.8
各市町村の最大震度（震度6弱以上）	
震度7	新潟県川口町
震度6強	小千谷市、山古志村、小国町
震度6弱	長岡市、十日町市、栃尾市、越路町、三島町等

（参考：内閣府 災害対応資料集、気象庁）

土砂に埋まる住宅

損壊した牛舎
写真提供／山古志

東日本大震災

平成二十三年（二〇一一）三月十一日（金）、午後二時四十六分に太平洋三陸沖を震源として発生した。震源域に近い東北地方では、巨大な津波が甚大な被害をもたらした。また、地震と津波により、東京電力福島第一原子力発電所事故が発生し、十万人を超える被災者が屋内退避を余儀なくされた。警戒区域外でも、放射性物質漏れによる汚染が起きているほか、原子力発電所の再稼働問題なども発生している。

被害が大きかった岩手、宮城、福島三県の死者は宮城九千五百三十七名、岩手四千六百七十三名、福島千六百七名。不明者は宮城千二百八十名、岩手千百四十二名、福島二百七名。

避難生活による体調悪化や自殺など「震災関連死」は、三県のまとめで二千九百九十三名に上った。福島第一原発事故に伴い、十三万人超が避難する福島県が最多の千六百七十一名、宮城八百八十三名、岩手四百三十九名。死者、行方不明者に関連死を加えると、東日本大震災の犠牲者は二万千五百名を超えた（警察庁二〇一四年三月十日現在発表）。

東日本大震災　概要

発生日時	平成23年（2011）3月11日（金） 午後２時46分
震源地	太平洋三陸沖 (北緯38度6分２秒　東経142度51分6秒)
震源の深さ	24km
規模	マグニチュード9.0
各市町村の最大震度（震度６強以上）	
震度７	宮城県栗原市
震度６強	宮城県涌谷町、登米市、美里町、大崎市、名取市、蔵王町、川崎町、山元町、仙台市（宮城野区）、石巻市、塩竈市、東松島市、大衡村 福島県白河市、須賀川市、国見町、鏡石町、天栄村、楢葉町、富岡町、大熊町、双葉町、浪江町、新地町 茨城県鉾田市、日立市、高萩市、小美玉市、那珂市、笠間市、筑西市、常陸大宮市 栃木県大田原市、宇都宮市、真岡市、市貝町、高根沢町

（参考：警察庁、気象庁）

岩手県陸前高田市役所

津波が押し寄せた宮城県気仙沼市

資料２　平成の大震災 記憶と記録

津波の被害で瓦礫におおわれた（宮城県多賀城市）

上空から撮影した被災後の相馬市松川浦漁港周辺
写真提供／相馬市、光星学院、仙台育英学園

熊本地震

平成二十八年（二〇一六）四月十四日（木）と十六日（土）に、熊本県益城町にて、震度七が二回観測される都市直下型地震が発生。震度七が同じ地点で連続して観測されたのは、現在の気象庁震度階級が制定されて以来、初めてのこと。十六日午前一時二十五分に発生した地震のほうが、マグニチュードが大きいため、十六日の地震は本震、十四日午後九時二十六分に発生した地震は前震に位置付けられる。

この地震による人的被害は死者五十名、重軽傷者二千七百九名（熊本県危機管理防災課）。四万棟以上の住宅が全半壊し、九州新幹線の運転休止、九州自動車道などの通行止めによって社会生活に大きな影響を与えた。

また、激しい揺れのため、熊本城や阿蘇神社などの歴史的建築物が損壊、斜面崩壊により阿蘇大橋が落ちるなど、甚大な被害をもたらした。

熊本地震　概要

発生日時	平成28年（2016）４月14日（木） 午後９時26分
震源地	熊本県熊本地方 (北緯32度44分５秒　東経130度48分５秒)
震源の深さ	11km
規模	マグニチュード6.5
各市町村の最大震度（震度６以上）	
震度７	熊本県益城町
震度６弱	玉名市、西原村、宇城市、熊本市、嘉島町

発生日時	平成28年（2016）４月16日（土） 午前１時25分
震源地	熊本県熊本地方 (北緯32度45分２秒　東経130度45分７秒)
震源の深さ	12km
規模	マグニチュード7.3
各市町村の最大震度（震度６以上）	
震度７	熊本県益城町、西原村
震度６強	南阿蘇村、菊池市、宇土市、大津町、嘉島町、宇城市、合志市、熊本市
震度６弱	熊本県阿蘇市、八代市、玉名市、菊陽町、御船町、美里町、山都町、氷川町、和水町、上天草市、天草市 大分県別府市、由布市

(参考：内閣府)

熊本城天守閣

熊本城

最大震度を記録した益城町

阿蘇市の地割れ

あとがき

編集を終え、印刷に版を下ろし、本の出来上がりを待つという段階にこぎつけた。本書を手にすることが出来ないのは、出版を待望していた主役の長島忠美さんにとって何とも残念なことであるに違いない。

上梓に向けて多くの方々に取材に応じていただいた。また多くの資料を提供していただいた。

長島忠美さんともども、改めて御礼と感謝を申し上げます。

二〇一七年九月二十日

伊藤玄二郎

参考文献

『国会議員村長　私、山古志から来た長島です』長島忠美・石川拓治　小学館
『天皇陛下がわが町に　平成日本に生まれた物語』全日本学生文化会議　明成社
『山古志十年の記録』山古志住民会議
『新潟県中越地震　山古志の被害状況と歩み』長岡市山古志支所
『サンタ・プロジェクト報告書２０１１-２０１５』サンタ・プロジェクト実行委員会

写真提供
山古志住民会議
小学館
朝日新聞社

あとがき

長島忠美（ながしま　ただよし）
昭和48年、東洋大学経済学部を卒業後、都内で就職したのち、昭和54年、山古志村に戻る。平成５年、山古志村村議会議員に出馬し初当選。２期目の途中で辞職し、平成12年、山古志村村長に就任。２期目に新潟県中越地震に遭遇するも、村長として中心被災地、山古志村の住民避難および復興の陣頭指揮にあたる。平成17年３月、市町村合併により山古志村村長を退任。同年９月、自由民主党より衆議院議員選挙に出馬し、初当選を果たす（北陸信越ブロック比例）。平成24年以降は新潟５区に転じ、３期目の同年12月、農林水産大臣政務官兼復興大臣政務官に就任。平成26年９月には、復興副大臣に就任。平成29年８月18日、４期目半ばで死去（満66歳）。
国際ボランティア学生協会特別顧問のほか、母校、東洋大学の理事長も務める。著書に『国会議員村長　私、山古志から来た長島です』がある。

聞き書き　**伊藤玄二郎**（いとう　げんじろう）
エッセイスト、星槎大学教授。関東学院大学教授、早稲田大学客員教授を経て現職。専門は近代日本文学。著書に『風のかたみ』『末座の幸福』『子どもに伝えたい日本の名作』など。編書に『道元を語る』『シーボルト植物図譜』など。

山古志に学ぶ震災の復興

著　者　長島忠美・伊藤玄二郎
発行者　田中愛子
発行所　かまくら春秋社
鎌倉市小町二―一四―七
電話〇四六七（二五）二八六四
印　刷　ケイアール

平成二十九年十月二十三日　発行

©Tadayoshi Nagashima, Genjiro Ito 2017 Printed in Japan
ISBN978-4-7740-0737-3 C0095